August Wilhelm Iffland

Reue versöhnt

Ein Schauspiel in fünf Aufzügen

August Wilhelm Iffland

Reue versöhnt
Ein Schauspiel in fünf Aufzügen

ISBN/EAN: 9783743479661

Hergestellt in Europa, USA, Kanada, Australien, Japan

Cover: Foto ©ninafisch / pixelio.de

Manufactured and distributed by brebook publishing software
(www.brebook.com)

August Wilhelm Iffland

Reue versöhnt

Seiner Majestät

Friedrich Wilhelm

dem Zweyten

König von Preußen 2c. 2c.

in tiefster Unterthänigkeit gewidmet

von

Wilhelm August Iffland.

Reue versöhnt.

Ein Schauspiel in fünf Aufzügen.

Personen:

Walsing, ein Fabrikant.

Karoline,
Wilhelm, } seine Kinder.
Marie,

Eduard Ruhberg, in Walsings Hause und Handlung.

Major Randau.

Wittwe Ruhberg, Ruhbergs Mutter.

Sophie, Fräulein Wartenfels.

Ein Handlungsdiener.

Christian, ehemals bey Ruhberg in Diensten.

Johann, des Majors Bedienter.

Gesinde und Arbeiter bey Walsing.

====

Erster Aufzug.

(Bürgerliches Zimmer. Hinaufwärts linker Hand eine Kabinetsthüre; das Gesimse mit Blumenketten behangen. Gegenüber rechts ein Tisch, worauf ein großer Brief liegt. Vorn ein rangirter Theetisch; umher Stühle, in der Mitte ein Lehnstuhl).

Erster Auftritt.

Karoline und Marie.

Marie. (bleibt in der Thüre stehen, halb leise.) Liebe, ich bitte dich! —

Karoline. Nicht doch! — Komm!

Marie. (geht zu ihr.) Mir zu Gefallen! (Sucht sie wegzuführen.) — Es ist viel zu früh! — Nach dem Frühstück!

Karoline. (legt eine gestickte Weste auf den Tisch.) Sieh — da liegt auch schon ein Brief.

Marie. (nimmt ihn.) Von unserm Bruder? — ja! Hätten wir nur das alles gegen Mittag gethan! Geburtstagsgeschenke werden nie **v o r** dem Frühstück gemacht.

Karoline. Wer weiß — wie es **n a ch** dem Frühstück um mich steht!

Marie. (der es nun beyfällt, traurig.) Ach, der Major!

Karoline. Sieh, Liebe — wie meine Hände zittern, wie mein Herz — — (mit Ernst.) Mir ist sehr bange!

Marie. Also **h e u t e** soll es der Vater erfahren? —

Karoline. Ja; wir haben es so verabredet.

Marie. O glaube mir, er wird väterlich — —

Karoline. Ach — er ist wider den **S t a n d** des Majors, und ich versprach, ihn nicht zu lieben, als es noch in meiner Macht stand.

Marie. Freilich, wenn du mit dem Major unglücklich lebtest — — —

Karoline. Du hörst ihn mannichmal Besorgnisse äußern — — andre nennen sie Eifersucht — — und es ist doch nur Bekümmerniß, ob ich es **g a n z** empfinde, **w i e** er mich liebt!

Marie. Liebe Karoline, laß mich zum Vater gehen; ich will ihm um den Hals fallen und sagen, daß du leidest; ich will es ihm recht von Herzen sagen——

Karoline. Bleib, gute Marie! — Ruhberg will sich unserer annehmen.

Marie. Das freuet mich! Der Vater liebt ihn sehr.

Karoline. Ach — mit Recht! — Seit der Zufall diesen lieben Fremdling in unser Haus führte, geht uns alles besser von Statten. Mein Bruder ist viel sanfter, der Vater fröhlicher. — —

Marie. Gewiß, er wird ihn bewegen.

Karoline. Oder — es ist alles vergebens!

Marie. Du machst mich traurig, gute Karoline!

Zweiter Auftritt.

Die Vorigen. Ruhberg.

Ruhberg. (nachdem er zuvor ein aufgerolltes Blatt Papier auf den Tisch legte.) Glück zu jedem guten Wunsche an diesem lieben Tage!

Karoline. (seufzend.) Uns allen?

Ruhberg. (ernst.) Ich verstehe! — Fassen Sie Muth!

Karoline. Muth?

Ruhberg. Wer den Unglücklichen aufnimmt, wie ihr Vater mich, dessen rege Herzensgüte mit eben so tiefer Menschenkenntniß dem Verzweiflenden Muth zu leben giebt — der entsagt Meinungen ohne harten Kampf, und läßt das Herz dann walten.

Karoline. Es ist nicht Meinung — Grund,
satz. — „Karoline" — sprach mein Vater, als der
Major zuerst unser Haus betrat — „bewahre dein
„Herz; dieser Mann ist sittsam, gut, bescheiden —
„ich muß ihn achten". Aber — setzte er mit einem
durchdringenden Tone hinzu: — „nie werde ich eine
„Heirath meiner Töchter mit einem Offizier bewilli,
„gen — nie! — Ich kann nicht ohne euch leben —
„laßt mich nicht Lagern nachziehen und über die Lei,
„chen meiner Söhne wegfahren. — Karoline"! —
Hier nahm er meine Hände und drückte sie mit der
größten Zärtlichkeit. — Zähren rollten über seine
Wangen — und ich gab mein Wort!

Ruhberg Es ist Resultat der innigsten Liebe ge,
gen seine Kinder; in derselben finden Sie gewiß den
stärksten Fürsprecher. Diesen, liebe Mamsell, will
ich für Sie auffordern!

Marie. (nimmt treuherzig seine Hand.) Ach, wie
werde ich Sie darum lieben!

Ruhberg. Seyn Sie also heiter, Mamsell, ich
habe die größte Zuversicht. — Sie sehen, Mine und
Kleid ehren den Tag, an welchem mein Wohlthäter
geboren ward!

Karoline. Wohlthäter? — Wenn Sie wüßten,
wie es mich kränkt, so oft Sie meinem Vater diese
Benennung geben!

Ruhberg. Mein Wohlthäter! — Dieser 'einfache, grade Mann — mein Lehrer und Wohlthäter, der mich, als ich in dumpfe Verzweiflung hingegeben war, ergrif, mich in die schöne Natur führte, an seiner Seite kindlich stimmte, und da — wo alles lebte, webte, und sich bewegte, allmächtig mir zurief: — „Sey nützlich und du wirst gedeihen"! der mich mit mir selbst bekannt machte; mir es väterlich verwies, daß ich immer die äußersten Enden suchte, im Glück oder Unglück; der mich es hell sehen ließ, daß, im Unglück und Kummer beharren wollen, der strafbarste Dünkel sey; der, — da er für das Wort Erwerb! mir Achtung einflößte, mit eins mich auf den glücklichen Mittelweg brachte, den edle, mäßige Seelen wandeln!

Karoline. Lieber Ruhberg, Ihre Dankbarkeit — —

Ruhberg. Nur hier lassen Sie mich mein Herz ausschütten: — bey Ihrem Vater muß ich ja sogar das Dankgefühl ersticken. — O hätten Sie mich gesehen, wie er mich fand! — — — Worte fassen die Segenswünsche nicht — edle Tochter des besten Mannes! (er küßt ihr mit Feuer die Hand.)

Dritter Auftritt.
Die Vorigen. Johann.

Johann. (überreicht ein Bouquet.) Der Herr Major lassen sich dem Hause bestens empfehlen und von Herzen Glück wünschen. (er fixirt Ruhberg.)

Karoline. Sage er nur: noch hätten wir meinen Vater nicht gesehen!

Johann. Ich will alles ausrichten. (ab.)

Marie. (die indeß vor der Kabinetsthüre ab-und zuging, zurecht legte 2c.) Es wird lauter — er wird bald angezogen seyn!

Karoline. Wo bleibt mein Bruder?

Ruhberg. Ich will nachsehen.

Karoline. Und das Gesinde — sie wollten so gut seyn — — die Arbeiter — —

Ruhberg. Sie warten schon draußen.

Karoline. Ha! — Ach wenn doch dies der letzte Seufzer um mein Schicksal wäre!

Ruhberg. Was uns auch aufstößt — sagt der liebe Mann — heiterer Sinn ist die beste Gegenwehr! (geht ab).

Karoline. (sieht ihm nach.) Ein vortrefflicher junger Mann!

Marie. (betrübt.) Und so unglücklich! Du solltest nur sehen, wie im Hauptbuche die Zahlen von seinen Thränen ausgelöscht sind.

Karoline. (giebt ihr die Hand, mit Interesse.) Du fühlst seine Leiden?

Marie. (mit steigendem Kummer.) Ei! — er klagt sie auch Niemand — das dünkt mich so traurig! — Neulich begegnete er mir in der Allee — ich kann Dir nicht sagen, wie mir war — als ich seine verweinten

Augen ansah — und doch zwang er sich, und sagte
mir freundlich guten Abend. — Was ihm nur
fehlt? —

Vierter Auftritt.

Die Vorigen. Ruhberg. Wilhelm.

Ruhberg. Da bringe ich den unsteten Bruder!

Karoline. (besorgt.) So spät!

Wilhelm. Laßt jedem seine Weise und grollt nicht
über meine! Ich war im Freien; und habe ich dort
weniger für den Vater gefühlt, wie ihr —

Karoline. (schnell.) Nein, das nicht! Wir
kennen uns, ehrliche Seele! (umarmt ihn.)

Wilhelm. Wäre es mit dir nur erst glücklich vor-
über, heute! — Dann lege ich es auch darauf an,
seine Erlaubniß —

Karoline. Wozu?

Wilhelm. Ich muß fort — in die Welt!

Karoline. O, lieber Bruder — bleibt denn —

Wilhelm. Habe ich Dir je deine Liebe ausreden
wollen? Glaub mir, der Drang des Mannes ist so
viel, als Schwärmerei des Mädchens! — Will
mein Vater nicht — so bleibt ihr ja zurück; — sagt
ihm zur guten Stunde, daß aus dem der Böse nicht
leuchtet, den ein innerliches Treiben in den Strudel
unter die Menschen wirft. —

Ruhberg. Wilhelm — ich war in dem Strudel!

Wilhelm. Nun gut! so — —

Ruhberg. Ich hatte dies Treiben!

Wilhelm. So führte es Dich zu etwas Außer-
ordentlichem!

Ruhberg. Ach!

Karoline. Er kommt!

Fünfter Auftritt.

Der alte Walsing. Die Vorigen.
Hernach Arbeiter und Gesinde.

Karoline, Marie, Wilhelm und Ruhberg.

(stellen sich in eine Reihe seiner Thüre gegenüber, und
gehen ihm entgegen.) Guten Morgen, bester Vater!
herzlichen guten Morgen!

Walsing. (ganz gekleidet.) Ich danke euch! Guten Morgen! (er ist an der Thüre stehen geblieben, und
geht nun etwas vor.) Habe ich euch etwas besonders
zu Danke gemacht, daß ihr mir so herzlich entgegen
kommt?

Marie. (läuft auf ihn zu.) Es ist Ihr Geburtstag.

Karoline. (nimmt eine Hand und umarmt ihn.)
Wir danken Gott für Ihre Erhaltung!

Wilhelm. (dieselbe Stellung.) Und bitten um Ihren Segen.

Ruhberg. (bringt mit sanfter Gewalt über seinen obern Arm ein.) Mein Vater!

Walsing. (der eine kleine Weile in der Gruppe ruhte, bewegt sich allmählig, um jedes Gesicht zu sehen.) Nun sieh — sieh da! Ach — Kinder! — Herr Ruhberg!

(Kurz zuvor sind die Arbeiter und das Gesinde eingetreten.)

{ **Gesinde.** Gott erhalte Sie!
{ **Arbeiter.** Lange! lange!

Walsing. (geht mit der Gruppe vor.) Ich danke euch! — (zu den Arbeitern und dem Gesinde im Hintergrunde.) Ich danke euch! (er sieht rund herum.) Wahrlich! eine schöne Versammlung! (verstärkt.) Wahrlich schön! — Hier — meine Kinder — an denen ich Freude erlebe —

Die Kinder. (herzlich.) Vater! —

Walsing. (Ihnen seine Hände reichend.) Rechte Herzensfreude! — Ein treuer Freund zur Seite! — (küßt Ruhberg.) Und dort — — ehrliches Gesinde! Arbeiter, denen es übel ging, und nun durch meinen Verkehr besser! (zu den Arbeitern.) Ein schöner Geburtstagsmorgen! — Ich danke euch, Kinder! — (zu den übrigen.) Ich danke euch ihr Leute! Geht

nun mit meinem Segen an eure Arbeit. (Sie gehen.)
Auf den Abend sehen wir uns wieder! (zu den Kindern.)
Nun, was steht ihr so stumm da? — — worüber
weint ihr?

Die Kinder. (fallen in seine Umarmung.)

Ruhberg. (steht von der Seite und weint.)

Walsing. Sie bleiben zurück?

Ruhberg. Ach — mein Vater!

Walsing. Ein Engel läßt ihn ahnden, daß noch
sein Sohn des Freundes gute Stunde redlich fühlt!
(er sieht an seine Thüre.) Sieh da — Rosen? — Ja,
ich schlafe auf Rosen in meinem Alter. Dies gewährt
mir eure Tugend! Das Zeugniß gebe ich euch allen.
Ich bin ein glücklicher Mann — ein gesegneter Vater! — Karoline, bleib wie du bist! Wilhelm, sey —
was du seyn kannst. Marie — werde was du ver-
sprichst!

Marie. (führt ihn an den Tisch.) Sehn Sie,
Vater — dies ist alles Ihre. (giebt ihm die Weste.)
Die haben wir Beide gemacht.

Walsing. Ihr kleidet mich, lieben Kinder! — —
Ach — von Wilhelm? — Zeugnisse deines Fleißes?
Mein Sohn, ich verstehe mich auf den Werth dieses
Geschenkes. — Ein Gemälde? Von wem?

Ruhberg. (bewegt.) Von mir.

Walsing. Recht! (Sieht es gerührt an.) — Wie
wir uns zuerst trafen — Ruhberg und ich — draußen —
an dem Scheidewege da, von —

Ruhberg. Von Ruhe und Verzweiflung!

Walſing. Dank! — Dies Gemälde fordert ein Gegenſtück, welches ihr Leben mir in wenig Jahren gewähren m! o: (Er führt alle an den Theetiſch;) wie Sie mit einer lieben Familie ſo um ihr Frühſtück ſitzen, den alten Walſing gemalt vor ſich hängen ſehen und ihren Kindern ſagen: — „Er meinte es gut“! Setzt euch! — Herr Ruhberg zu m i r — dicht zu mir. (Ruhberg ſetzt ſich neben ihn; er küßt ihn.) Mein älteſter Sohn!

Ruhberg. O Gott!

Walſing. (ſchlägt in die Hand.) So weit der Geburtstag! — Karoline, gieb uns Thee!

Karoline. (beſorgt des Vaters Taſſe.) Da, lieber Vater!

Marie. (nimmt ſie ihr ab, indem jene hingehen wollte.)

Walſing. Immer war die Viertelſtunde beim Frühſtück mir werth! — und daß auch du heute Ehren halber aushalten mußt, Wilhelm!

Wilhelm. Es iſt doch Zeitverluſt!

Walſing. Nicht doch! Offenbarer Gewinn an guter Laune. Am frühen Morgen iſt eure Seele noch ein unbeſchriebenes Blatt; nichts ſteht darauf, als: wir lieben uns. Indem wir nun ſo im vertraulichen Cirkel baſitzen, nehmen wir Liebe und Muth einer aus des andern Blicken, und Alle ſind geſtärkt;

dann geht jeder seinem Geschäfte nach, in frischem Muthe, und freut sich wieder auf den nächsten Cirkel.

Ruhberg. Vortreflicher Mann!

Walsing. Wie gefällt sich ihr Christian draußen auf dem Gütchen?

Ruhberg. Mit der Aufsicht, die Sie ihm dort anvertrauten, ist ihm alles gegeben, was er kaum wünschen konnte.

Walsing. Nach den Briefen, welche Sie erhalten, — ist zu Hause auch alles wohl. — — Dies sollte Ihrer eignen Gesundheit bessern Fortgang schaffen.

Ruhberg. Mein heftiges Blut — läßt mich oft leiden!

Walsing. Noch heute will ich Ihrentwegen wieder zu dem Präsidenten gehen.

Ruhberg. Ich verehre Ihre gütige Absicht; allein, wo kann ich besser seyn, als hier? — Ich arbeite, erleichtere andere — bin ämsig und nützlich. — — Nützlich! Keine andere Bestimmung für mich. — O wenn —

Walsing. Was recht ist! — Indeß erwarten Sie mich um elf Uhr hier. (Man hat unterdessen getrunken.)

Karoline. (nach einer kleinen Stille.) Ach! (ängstlich und leise.) Schwester — das Bouquet! —

Marie. (nimmt es und wills übergeben.) Lieber Vater, der — —.

Karo=

Karoline. (die es ihr haſtig entreißt und ihm über=
reicht; mit Wärme.) Er hat es ſchon früh hergeſchickt,
mit einem ſo herzlichen Glückwunſche — mit — —

Walſing. (befremdet.) Wer denn?

Karoline. (geſpannt und ſchüchtern) Der Ma=
jor Randau.

Walſing. — So? — Schöne Blumen — —
wohl gar ein Geſchenk ſeines Mädchens! — (Er faßt
Karolinen ins Auge.)

Karoline. (fixirt das Bouquet.)

Walſing. (täubelt damit.) Um deſto größer iſt
der Werth. (wirft es mit unwillführlichem Dedain auf
den Tiſch.)

Karoline. (ſeufzt.)

Walſing. Was giebt es?

Karoline. Die Blumen — —

Ruhberg. Karolinen kränkt ihr gleichgültiges
Hinwerfen.

Walſing. Iſt es ſo, Karoline?

Karoline. (rührend.) Sie ſchätzen ihn — er iſt
ihr Freund!

Walſing. Darum ein Seufzer? — ihr andern
ſeid ſtill? — Es fällt euch doch auch auf? —

Karoline. (verwirrt.) Es war in der That — ſo
zufällig — ſo ganz ohne Bedeutung — —

Walſing. Gieb mir die Hand darauf.

Karoline. (zaudernd.)

B

Walfing. Karoline, gieb mir die Hand darauf!

Karoline. Ich kann nicht!

Walfing. Nun —!

Karoline. Ich kann nicht — denn — denn — Ach! — ich liebe den Mann, von .m diese Blumen sind!

Walfing. (getroffen.) Karoline!

Karoline. Ja, ich liebe ihn — und als sie diese Blumen hinwarfen — ach! — ich glaubte ihn selbst — (Sie will ihn umarmen.)

Walfing. (weist ihr den Stuhl an. Karoline bleibt noch stehen.) Du irrst dich! du liebst den Major nicht.

Karoline. Vater — mehr wie mein Leben!

Walfing. Besinne dich — es ist gewiß nicht so!

Karoline. Vergebung dem reuigen Mädchen — gütigster Vater! Vergebung! die Liebe — die Gewalt —

Walfing. Ich sage dir: es ist nicht so! du weißt, was ich dir sagte.

Karoline. (schuldig.) Ich weiß es, ich weiß es! — (mit schmelzendem Tone der Reue.) Vater!

Walfing. (wendet sein Gesicht weg.)

Karoline. (zu Ruhbers und ihren Geschwistern.) Ach Gott!

Walfing. Ich habe es mir zum Gesetz gemacht, die Neigungen meiner Kinder nicht zu fesseln. Damals aber bat ich dich — aus Liebe zu dir — kein Va-

ter konnte dringender bitten! — du gelobteſt, ich
war ruhig und ſorglos. Karoline iſt ein kluges, ver-
ſtändiges Mädchen; alſo kann ich euch ſagen, es iſt
nichts an der Sache.

Ruhberg. Ihr Herz leidet, aber ſeiner Natur
bleibt es treu.

Wilhelm. Vergebung für Karolinen!

Marie. (küßt ſeine Hand.) Lieber Vater! ſehen
Sie, wie ſie leidet, die Arme!

Walſing. Karoline! — Karoline! acht und fünf-
zig Jahre ward ich alt in dem ſchönen Traume, ich
ſei von dir geliebt; — und an meinem Geburtstage
reißt mich deine Hand hart aus dieſem ſüßen Traume!

Karoline. (kniet, und mit allem Feuer, mit aus-
geſtreckten Armen, ſagt ſie.) Ich liebe Sie — Vater —
Sie liebe ich! (rührend den Blick zu ihm hinauf.) Stra-
fen Sie mich! (mit tiefem Seufzer.) Trennen Sie
mich von ihm!

Walſing. (zu den andern.) Mein erſtgebornes
Kind tritt von mir — ſeht, ſie giebt euch die Lehre,
des Vaters Sehnſucht ſei ein Nichts, mit dem ihr
tändeln könnt. Ihr werdet ihr folgen — —

Karoline. (iſt außer ſich.)

Wilhelm. (ſtützt ſie.)

Marie. Vergebung für Karolinen!

Walſing. Nein, nun will ich nicht mehr träumen! — Wilhelm — du haſt in die Welt gewollt? —

Ziehe mit Gott! — Marie, wenn du liebst: so thue
nach deinem Gefallen! Karoline, heirathe den Ma=
jor, ich will euch herrlich ausstatten; und in Ihre
Hände, Ruhberg, gebe ich dann mein Alter!

Wilhelm und Marie. (helfen Karolinen auf einen
Stuhl. Sie ist schwach, aber bei sich.)

Ruhberg. Sehn Sie nicht?.

Wilhelm. Ach, sehn Sie doch!

Walsing. Das ist ihre Treue für den Major —
wohl ihm!

Ruhberg. Bester Mann — um Gottes willen!

Walsing. Was macht ihr aus mir? Rase ich? —
Gebe ich meiner Tochter den Fluch? — Ich bin nicht
außer mir; ich weiß alles, was ich sage. Es ist nicht
Eigensinn. Ich bescheide mich — anders ist das Ge=
fühl für den Vater — anders für den Mann! aber
ich für mich — ich wollte nur Billigkeit; meine Kin=
der wollte ich um mich behalten, und ich hätte ihre
Männer mit ihnen pflegen und warten wollen.

Ruhberg. Aber der Major wird —

Walsing. Dient einem großen Monarchen.

Wilhelm. Als braver Soldat!

Walsing. Eben darum! Krieg! und meine Toch=
ter, meine Enkel fallen mit Wehklagen um meinen
Hals — in meinen Träumen sehe ich ihn auf dem
Schlachtfelde hingestreckt, und —

{ **Ruhberg.** (winkt Wilhelm, der dann Karolinen abführt.)

Walſing. Nichts mehr von dem Märchen — Kindertreue!

Marie. (mit ſanftem Vorwurf.) Beſter Vater! —

Ruhberg. Könnten Sie der Freude vergeſſen, die Sie an Ihren Kindern erlebt haben?

Walſing. (zu Ruhberg.) An Kindern Freude erleben — auf Kinder bauen dürfen — das iſt nicht Eins! (zu Marie.) Es giebt nur Einen Segen in einer Familie — Beiſpiele! — Marie — da haſt du es.

Marie. O Gott!

Sechster Auftritt.
Wilhelm. Die Vorigen.

Walſing. Aelternliebe wächſt mit den Jahren; Kinderliebe nimmt ab. — Was ihr uns im Alter gebt, — iſt Wohlſtand; Allmoſen, oder Pflege des kindiſchen Alters. Es iſt ſo. Ich ſah es in meiner Jugend, aber ich war meinem Vater anders — darum hoffte ich glücklicher mit euch zu ſein!

Ruhberg. Ich verkenne Ihre Gerechtigkeit —

Walſing. Zwanzigjährige Ausſaat und karge Aerndte. Nun es muß ja nicht ſein. Sind es nicht dankbare Kinder, ſo iſt es ein redlicher Freund; iſt

nicht im Wohnhause meiner Familie, so ists in einem
Winkel der schönen Natur.

Wilhelm. (wirft sich weinend in einen Stuhl.)

Marie. (steht hinter ihm.)

Walsing. Ausgeht es bald! Haue einem Baum
die Wurzel ab, nimm einem Vater den Glauben an
seine Kinder — sie fallen Beide!

Ruhberg. (auf Wilhelm und Marien deutend.)
Bester Vater, sehen Sie doch! — Ist denn nur
diese Karoline Ihr Kind?

Walsing. (außer sich.) Mein erstgebornes Kind —
mein liebstes Kind!

Ruhberg. So darf nur der Kummer sprechen.

Walsing. Nein, die gekränkte Liebe des Vaters — die getäuschte Sicherheit, in der Tochter, die
ihm am liebsten war!

Wilhelm. (springt auf; Thränen ersticken seine
Worte. Er bedeckt sich das Gesicht und geht schnell ab.)

Marie. (folgt ihm langsam.)

Ruhberg. Der Vater Walsing — klagt über
Unrecht eines Kindes, und thut als Vater
zweien Unrecht?

Walsing. Ruhberg!

Ruhberg. Da gehn sie hin — Wilhelm und Marie — trauervoll sehen sie auf den Vater zurück. —
„In Ihre Hände, Ruhberg, lege ich dann mein

„Alter“! — Wilhelm und Marie — nicht in eure?“—
das erstgeborne, das liebste Kind, läßt sich durch Liebe
gegen einen würdigen Mann, Walsings Freund, hin-
reißen — und der biedere Walsing giebt das süße Gefühl des Vaters, zu verzeihen, auf! Verstößt diese Tochter, mit ihr den guten Wilhelm und Marien — Kinder, denen er nur halbe Liebe zutheilte. — — Walsing — wo gerathen Sie hin! Halber Vater für Marie und Wilhelm — Keine Vergebung für Karolinen?

Walsing. (heftig;gerührt.) Ruhberg!

Ruhberg. Armer Wilhelm! arme Marie! — —
Es ist Vaterangst, lieber Herr Walsing, Vaterangst,
nicht wahr?

Walsing. (betäubt.) Vaterangst!

Ruhberg. Die Liebe des treuen Vaters vergiebt
Karolinen, und ist den beiden Gekränkten ganz Vater!

Walsing. (ergreift seine Hand.) Ganz Vater? —
Ich will gerecht sein. Ich will mit Karolinen abtheilen — (weich) und dann für die andern Beiden (mit
gebrochener Stimme) ganz — ganz leben!

Ruhberg. Also abtheilen und vergeben soll eins
sein? — Wie sie da stand! still, duldend — ganz
Geständniß. — Die das Vorgefühl Ihrer Güte in
ihrem Busen trug — die auf Ihre Hand wartete, um
väterlich aufgeholfen zu werden. — — Dies Zutrauen — lieber Herr Walsing — ich habe nie bittrere

Vorwürfe gehört! Das tugendhafte Mädchen liebt einen Mann, den der Vater selbst schätzt und liebt.

Walsing. Gewöhnliche Väter können ihr nichts vorwerfen. Allein mir, mir — nimmt sie alles! Nie würde ich sie gezwungen haben. Aber — wenn ich nun einen Wunsch, eine Aussicht mit ihr hatte, die — — — (schnell sich zu ihm wendend.) Sie kennen den jungen Schmidt — er ist jung, brav, reich, gut, Handelsmann wie ich — ich weiß, daß er ihre Hand wünscht; daß —

Ruhberg. Daß —

Walsing. Daß er in diesen Tagen um sie angehalten hätte. So hätte ich mein Kind um mich behalten. Aber nun zieht sie fort! Ihre Häuslichkeit gab mir Segen, — den Segenskranz nimmt sie mit. Ihr Lächeln der Unschuld, der Freude und der kindlichen Liebe trocknete den Schweiß von meiner Stirn, und gab mir Bestimmung, meinen Pflichten neues Leben; — diesen erquickenden Balsam nimmt sie mit. Ihre Liebe, ihr Zutrauen, ihr Versprechen, ihre Sorgfalt sicherten mir das Glück zu, nach dem ich rang, sie nie von meiner Seite zu verlieren, ihren künftigen Gatten an mich zu ketten, wie ich glaubte, daß sie an mich gekettet wäre! — Ach, Ruhberg — Karoline soll ihn haben — sie mag ihn sich nehmen!

Ruhberg. Ihre liebreiche Hand führt sie selbst einander zu — nicht wahr?

Walſing. Ruhberg! (ſanft.) Soll ich jetzt Ent‐
ſchlüſſe faſſen?

Ruhberg. (ruft.) Marie! — liebe Marie!

Siebenter Auftritt.
Marie. Die Vorigen.

Ruhberg. Ihre Schweſter!

Marie. (geht ab.)

Walſing. Was wollen Sie machen? — Nie
kann ich gegen Karolinen ſeyn, was ich war.

Ruhberg. Nur Väter können den Vater richten.
Aber mein Wohlthäter, mein Freund, forderte zu
viel von ſeiner Karoline. Die Tochter, in dem Ge‐
fühle ihrer innigſten Liebe zu dem Vater — verſpricht
aus ganzer Seele alles — der Vater, hingeriſſen
durch Vaterliebe, läßt ſich mehr verſprechen, als ihm
Weltkenntniß ſagen mußte, daß gehalten werden kann.
Wer iſt bei dem Bruch der Schuldige? — der das
Verſprechen verlangte — oder der es nicht hielt?

Walſing. Ruhberg — ſollte ſie —

Achter Auftritt.
Karoline. Die Vorigen.

Karoline. (geht entkräftet vor.)

Walſing. (mit unterdrückter Empfindung.) Du
gelobteſt — und ich war ruhig! — Nichts mehr da‐

von. — Also — du liebſt den Major?

Karoline. Ihre Achtung machte mir ihn werth — dann —

Walſing. Hat er ſich gegen dich erklärt?

Karoline. Aufs herzlichſte! — Nun glaubte ich — ſein edler Charakter könne eines guten Vaters Liebe verdienen. — Der Menſchenfreund iſt auch gewiß ein guter Sohn. — — —

Walſing. (nach einiger Pauſe, zu Ruhberg.) Bei Kolberg — — — fiel der Major Kleiſt? oder bei Kunersdorf?

Karoline. Kann er fallen wie Kleiſt, ſo wird mich mein Vater tröſten, wie ein Bürger des Landes, für das Kleiſt fiel.

Walſing. Laß den Major bitten, ſich auf einen Augenblick herüber zu bemühen.

Karoline. (geht ab.)

Walſing. (ſieht ihr traurig nach.) Ach — ſie gelobte, und ich ſchlief ruhig!

Ruhberg. Hat bloß der Krieger mit Gefahren zu kämpfen? — Wer zählt die Menge der Gefahren, und mißt ſie gegen einander aus, die uns ſtündlich umgeben! — Major Randau iſt bieder. — —

Walſing. Major Randau iſt ganz ein Mann nach meinem Sinn und Herzen.

Ruhberg. Und der moraliſche Werth bürgt das Glück der Ehen.

Walfing. Aber die Garnisonen — die Schlach, ten, und mehr als das alles — das point d'honneur! point d'honneur? — Dieser Giftbecher in der Hand des Thoren, den so oft der Weise ausleeren muß! warum soll mein Kind dem allen gegenüber stehen?

Neunter Auftritt.

Karoline. Die Vorigen.

Karoline. Der Major wird gleich hier seyn. — (Sie steht etwas zurück, an einen Stuhl gelehnt.)

Walfing. So weit geht alles wie es soll! — Freust du dich?

Karoline. Ich kann mich kaum aufrecht halten.

Walfing. Du läßt mich doch ehrenvoll bei ihm erscheinen?

Karoline. Ach hätte ich ahnden können, was Sie leiden! — — hätte ich mich besser gekannt — —

Walfing. Wo ist sein Bouquet? — (nimmt es in die Hand.) Ich sollte ihm doch Ehre machen!

Karoline. O Gott!

Ruhberg. Ich höre kommen — —

Walfing. Ist er's? — (kleine Pause.)

Ruhberg. Er kömmt! — ich lese in Ihrem Her, zen. (geht, läßt aber zuvor den Major ein, gegen den er sich an der Thüre verbeugt.)

Zehnter Auftritt.

Der Major. Walsing. Karoline.

Walsing. Guten Morgen, Herr Major.

Major. Herr Walsing, Ihr Geburtstag erfreuet Viele auch außer Ihrem Hause. Erlauben Sie den Glückwunsch eines wahren Hausfreundes. Sie waren mir bisher gewogen — wenn ich es verdiene, so halten Sie ferner etwas auf mich.

Walsing. Sie sind ein Mann, der meine ganze Achtung hat! (gerührt.) Ein guter Mann — ein braver Offizier — —

Major. Herr Walsing —

Walsing. (mit Wärme.) Mensch gegen seine Untergebene — angenehmer, lieber Gesellschafter — ein Mann, vor dem friedliche Greise aufstehen müssen; denn er blutete für das Vaterland! (drückt ihm die Hand.)

Major. Dafür lohnt mich der Händedruck des Bürgers.

Walsing. (auf Karolinen sehend) Der an schrecklichen Wunden lange und schmerzhaft litt — wieder genas — um schrecklicher noch zugerichtet zu werden!

Karoline. (schluchzt.)

Major. Ich spreche ungern vom Kriege; aber hier bin ich unter Freunden — sehe, daß ihre Herzen meiner Wunden gedenken; und so sage ich Ihnen —

ich litt für reichen Lohn! (mit Manneswürde.) Freilich bin ich kein Jüngling — Sonne und Pulverdampf
brannten meine Farben — Schlachtfelder machten mich
ernst — und hier an meiner Stirne hinterließ Todes-
kampf einen tiefen Zug. — — Das vaterländische
Mädchen wird mich darum achten! Ich habe keine
Güter; Narben, Herz und Degen sind mein einziges
Kapital — aber welcher Bürger — ich litt für alle! —
wird mir das Weib versagen, in dessen Besitz ich den
Lohn des Vaterlandes ehren will?

Walsing. Ich nicht! Nein — so wahr mein
Herz bei eurem Ausmarsch schlug — so wahr ich für
euch betete und für mein Vaterland, und Bürger-
segen mit nassen Augen euch nachschickte — ich nicht
mehr.

Major. (nimmt rasch seine Hand.) Hier ist das
Weib!

Walsing. Sohn — nimm sie hin!

Major und Karoline. (an seinem Halse.) Vater!

Walsing. Gottes Segen über diese Beiden —
und seinen heiligen Schutzengel einst wieder, bei Kol-
lin und Leuthen!

Major. Karoline. (schwach und sanft.) Mein
Vater!

Walsing. Laßt ab — es ist genug — es ist genug!

Major. O Sie — in jedem Sinn Bürger und
Freund! Ihre Handlungen leben, in dem Feuer für

Redlichkeit und Tugend, das aus Ihnen in uns übergeht, lange — lange über Grab und Enkel hinaus! Mein Vater!

Karoline. (kniet.) Ihren Segen, und —

Walsing. In diesem Manne.

Karoline. Ihre Vergebung!

Walsing. Werde ein gutes Weib — und eine gute Mutter!

Major. Und Sie — hätten mich verwerfen wollen?

Walsing. Hätte das Vaterland Ihnen nur diesen friedlichen bequemen Rock zum Lohn gereicht — aus allen Sie hätte ich gewählt. Nun — ihr habt es gewollt — in Gottes Namen denn! — so gehöre ich jetzt mit zur Armee! — Ich lasse euch allein.

Major. Ist Ihnen unser Dank zu viel? —

Walsing. Ich bin mir selbst zu viel. Küßt euch — sagt euch, was das Herz euch einlebt. — (er geht.) Karoline!

Karoline. (geht zu ihm hin)

Walsing. Es ist nun gut! (er verläßt sie schnell, und geht ab.)

Karoline. Bleiben Sie! O mein guter Vater, hören Sie Ihr dankbares Kind! (Ihm nachfolgend.)

Der Major. (will ihr auch nach.)

Eilfter Auftritt.

Johann. Der Major.

Major. Ich bin glücklich! — Sie ist mein — er hat eingewilligt — sie ist mein!

Johann. So?

Major. Freue dich, ehrliche Seele! — Komm mit zu ihr. —

Johann. Herr Major!

Major. Nun?

Johann. Ach — jetzt — es ist jetzt auch wohl nicht Zeit! Aber —

Major. Was denn?

Johann. Ich kann mir nicht anders mehr helfen — Sie haben mich überrascht; sehen Sie, ich kenne Sie — es würde Ihnen das Leben kosten — geben Sie Acht — die Mamsell ist gut — das will ich glauben; aber — —

Major. Nun denn?

Johann. Ich meine —

Major. Was?

Johann. Der Herr Rußberg —

Major. Du bist ein gallsüchtiger Mensch —

Johann. (lebhaft.) Ein treuer Kerl, dem die Ehre seines Herrn lieb ist; und vorhin, wie ich den

Strauß brachte, hatte Herr Ruhberg der Mamsell
Karoline ihre Hand — dicht so an seiner Brust. So
oft ich ins Haus komme — —

Zwölfter Auftritt.

Die Vorigen. Karoline.

Johann. (geht ab.)

Karoline. Lieber Randau!

Major. Karoline. —

Karoline. In mir wechseln so mancherlei Gefühle — daß meine Kraft erliegt! (Sie wirft sich in
einen Sessel.)

Major. In welche fromme Stimmung setzt mich
Ihr Vater. Er ist nicht hier — aber wie vor seinem
Angesicht gelobe ich Ihnen — gelobe ich dir: Ihm
ein treuer Sohn zu sein! Er giebt mir das beste,
was er hat — ich will ihm geben, was ich kann —
meine volle Liebe.

Karoline. (springt auf.) Da! Nimm den ersten Kuß für dies fromme Gelübde! Sorge für das
Alter meines Vaters — so giebst du mir ein glänzen-
des Glück.

Major. Mußte ich dir das erst versprechen? So
müßte ich dir auch Liebe geloben, dir, die du mir
alles — alles bist!

Karoline.

Karoline. Lieber Randau, wie glücklich, wie selig bin ich! — Ach der gute Ruhberg that viel darum — du mußt ihn herzlich umarmen, den guten Mann!

Major. Ja.

Karoline. Du bist nachdenkend, Mann meiner Liebe!

Major. Ich liebe dich mehr als du weißt. — Sieh — hier steht ein Mann vor dir, der sehr von deinem Geschlecht gemißhandelt ist; der fast den Glauben an euch verlor, und sein Leben einsam beschließen wollte. Du — du herrliches Geschöpf wecktest wieder Liebe in mir auf — Liebe des Mannes — reine Liebe, wie sie sein soll! — Ich dünke mich nur Ein Wesen mit dir — Dies mächtige Gefühl — mißbrauche es nie — o nie! Karoline — es ist nicht was der Jüngling Liebe nennt — — eine Entzündung, die verlischt, daß man ihre Spur nicht sieht! Es ist immer gleiches, dauerndes Feuer — mißbrauch' es nicht!

Karoline. Verdiene ich Mißtrauen?

Major. Kein Mißtrauen!

Karoline. Ist meine Liebe —

Major. Du liebst mich; du liebst mich und deinen Vater über alles! — aber dein Geschlecht hat — ach deine Jugend — eure Launen —

Karoline. Hat dich schon eine betrübt?

C

Major. O, ich bin sehr gemißhandelt — ich habe redlich geliebt, und bin sehr gemißhandelt! Karoline — darum schreckt mich alles; schone mich — Liebe des Mannes ist eine heilige Flamme; man verletzt sie nicht, ohne daß sie verzehrt!

Karoline. Liebe — heiße Liebe spricht in allem, was du sagst. Ich bin ganz glücklich! Nicht wahr, Karl, meine treue Liebe ist in deinem Herzen entschieden? Mißhandelte dich mein Geschlecht — ich will es wieder gut machen! Aber betrübe mich nicht durch Mißtrauen — durch Eifersucht!

Major. Eifersucht? — Es ist nicht das! Ich weiß keinen Namen für das was ich empfinde — es ist zu viel, als daß Ein Wort es sagen könnte. (Innig) Es ist der höchste, reinste Grad der Liebe! Laß es dir in einem Bilde sagen — — So oft ich an dich schrieb; so kränkte es mich, daß Gedanken Worte bedurften, und diese nur den kleinsten Theil meiner Zärtlichkeit zu überbringen fähig waren. Diese Theilung schmerzte mich; ich fühlte die Liebe so ganz, in einem so großen untheilbaren Umfange, als ein ganzes Wesen! — Jetzt fühl' ich mich Ein Wesen mit dir. Himmel! wenn du das theiltest? wenn du zu schwach wärest, das Ganze zu fassen! — (Er bedeckt das Gesicht, um Thränen zu verbergen.) Sieh, wie der Mann schwärmt — fühle, wie er liebt!

Karoline. (zärtlich.) Ich bin unaussprechlich glücklich! — (eine Pause; ihn zärtlich ansehend.) Nur betrübe mich nicht durch Mißtrauen!

Major. Nicht das Wort! Aber du erhältst alle meine Fehler mit mir. Ich zeigte mich dir stets als ehrlicher Mann — durchaus wahr! Schön — zeigen sich, die auf Ehescheidung ausgehen. — Was wählst du?

Karoline. Wahrheit!

Major. Wir gehen Einen Weg!

Karoline. Und sind Ein Wesen!

Major. Aber — — Ruhberg — —

Karoline. Ist ein edler Mann!

Major. Weil er jung — weil er edel — weil —

Karoline. Gefiel dir bloß die Außenseite deines Mädchens? O darüber vergaßest du dies Herz zu studieren, das dir einzig zugehört. (Mit Würde und Zärtlichkeit.) Unschuld und Tugend waren bis jetzt meine Gefährten — Karl! Auf ihre Altäre setzte ich dein Bild, um es ewig und treu zu verehren!

Major. Englisches Mädchen! (Sie umarmen sich.) Führe mich zu Wilhelm und Marien, daß ich sie von ganzem Herzen als Bruder und Schwester bewillkomme! (Sie gehen Arm in Arm ab.)

Ende des ersten Aufzugs.

Zweiter Aufzug.

(Das vorige Zimmer.)

Erster Auftritt.

Chriſtian. Hernach Johann.

Chriſtian. (kommt von der Seite.) Lauter Jubel und
Frölichkeit! — Je nun — deſto beſſer! — Ich
will mich hier ſetzen — es wird doch endlich einmal jemand herkommen, der mir ſagt — —

Johann. (Der zwei Tafelkörbe mit Wein durch das
Zimmer trägt.)

Chriſtian. Heda! — guter Freund! auf ein
Wort!

Johann. (bleibt, ohne abzuſetzen, ſtehen.) Zu
Dienſten. Was giebt es?

Chriſtian. (ſteht auf.) Sage er mir doch —
alles iſt guter Din e — was iſt dem Hauſe Gutes
widerfahren?

Johann. Es iſt heute Verlobung — Major
Randau, mein Herr, und Mamſell Karoline. Auch
der Geburtstag des alten Herrn Walſing.

Chriſtian. Dann iſt es der Mühe werth! —
Ein braves Paar!

Johann. Ja wohl! (bedenklich) Wenns nur — wie ist es denn — — ist er nicht der Bediente bei Herrn Ruhberg?

Christian. Das bin ich, so lange ich lebe!

Johann. So habe ich meinen Mann! (Sezt die Körbe ab.) Unter uns — (giebt ihm die Hand.) und kurz — denn hier ist man keinen Augenblick sicher: warne er seinen Herrn — — ich bin kein Kind mehr, und ein ehrlicher Mann.

Christian. So hör' ich von jedem im Hause —

Johann. (eifrig.) Mein Herr ist die Güte selbst! Aber — (sieht sich um, und dann leiser.) Aber zu bunt soll es ihm Herr Ruhberg nicht machen; sonst giebt das mein Seel einmal eine Kugel vor den Kopf — dem einen oder dem andern!

Christian. (erschrocken.) Mein Gott — weswegen denn?

Johann. (nimmt einen Korb.) Heute ganz früh brachte ich von meinem Herrn ein Bouquet hieher — nun — da sah ich's ja zum Henker wohl, wie er ihre Hand so an die Brust drückte, und — warne er ihn! Mehr nicht. Mein Herr giebt Acht.

Christian. Wenn er ein ehrlicher Mann ist —

Johann. (nimmt den andern Korb.) Das ist genug — mehr ist zu viel! (geht ab.)

Christian. Hm — hm! Das kann nicht sein! — — freilich ist es ein ehrlicher Kerl, und — — — (als ob

er mit sich selbst stritte) kann doch wohl sein! — „Keine
als Sophie, Christian! — Keine als Sophie!"
Nun, ob dies wahr ist, will ich bald —

Zweiter Auftritt.

Ruhberg. Christian.

Ruhberg. (sieht einige Rechnungen durch) — da er
Christian gewahr wird, geht er rasch auf ihn zu.) Ach,
mein ehrlicher Christian!

Christian. Guten Morgen!

Ruhberg. Du fehltest zu meiner Freude! —
des Vaters Geburtstag — der Tochter Verlobung — —
dies letzte fast mein Werk — Ich werde behandelt wie
Sohn und Bruder — mein Herz hängt ganz an diesen lieben Leuten!

Christian. Hier ist ein Brief.

Ruhberg. Vom Baron Werden! (liest.) —
„Lieber Ruhberg! Mein Vater ist ganz hergestellt!"—
Gottlob! — „Gestern ritten wir eine Stunde zu-
„sammen; die Aerzte haben Karlsbad widerrathen —
„also sehe ich Sie jetzt nicht. Sobald aber meines
„Vaters Gesundheit völlige Festigkeit erlangt hat,
„eile ich zu Ihnen. Indeß arbeite ich an Ihrem
„Glücke." — (Er seufzt.) „Vielleicht ist es Ihnen
„näher, als Sie glauben. Warum hat in so langes

„Zeit Sophie nur einmal einen Brief von Ihnen
„erhalten? Zum Glück widersprachen Thränen auf
„dem Papier dem Inhalt desselben! Leben Sie
„wohl; — Wird Ihnen eine gute Stunde — und
„sie muß Ihnen werden! — so denken Sie an ihren
„Karl von Werden!" — — Thränen auf dem Papier? — Ja wohl Thränen! — Nur einmal!
nur? — So denkt sie doch noch an mich!

 Christian. Hätten Sie daran gezweifelt?

 Ruhberg. Ich sollte wünschen, sie hätte mich
vergessen — aber ich bin nicht stark genug!

 Christian. Mein Gott — — was — ich weiß,
daß Sie im Schmerz so etwas sagten, als Sie des
Ministers Haus verließen; aber —

 Ruhberg. Wie oft hast du selbst mir gesagt: —
Sie machen sich — Sie machen Sophien unglücklich!

 Christian. Damals; allein nun — —

 Ruhberg. Sie ist so gut! Gut und blühend!
Soll ich Sie an mich ketten? Ich bin ohne Bestimmung — ohne Freude — ich bin arm — Kann ich
Sie glücklich machen? Ich kann kein Weib glücklich
machen. Der Himmel wird mir verzeihen, daß ich
es wagte, zu ihr hinauf zu sehen! Hat Sophie
mich nicht vergessen, so bin ich der Mörder ihrer
Ruhe!

 Christian. Nur Einmal haben Sie ihr ge-
schrieben?

Ruhberg. Nur Einmal — (mit gebrochener Stimme.) Ich bat Sie, mich zu vergessen! (wirft sich in einen Stuhl.)

Christian. (bedenklich.) Sie haben also alle Hofnung aufgegeben, durch Sophien glücklich zu sein?

Ruhberg. (mit tiefem Seufzer.) Mußte ich nicht?

Christian. (bei Seite, halb laut.) Johann! Johann!

Ruhberg. (noch in seiner Betrübniß.) Ich verstehe dich nicht —

Christian. (an sich haltend.) Ich meine — daß man mannichmal irren kann. — Erlauben Sie mir eine Frage: — — wie stehen Sie mit dem Major?

Ruhberg. (gleichgültig.) Gut!

Christian. (einen Schritt zurück.) So im Herzen gut?

Ruhberg. (aufmerksam.) Ich bin es, der den Widerwillen des Vaters gegen diese Heirath überwunden hat. — — Was haben aber — —

Christian. (vor sich hin.) Also — Sie — haben diese Heirath gemacht?

Ruhberg. Auf gewisse Weise — ja.

Christian. (zu ihm gekehrt.) Und Sie wollen doch Sophien nicht heiraten, wenn — —

Ruhberg. Schweig von diesem — wenn! — Gott sieht mein Herz —

Chriſtian. (geht ganz von ihm; im Gehen.) Nun — nun recht ſo!

Ruhberg. Lieber Chriſtian, was iſt dir?

Chriſtian. (ſieht ihn zärtlich an.) Was mir iſt? — was mir iſt? — Begreifen Sie mich nicht?

Ruhberg. (verwundert.) Nein!

Chriſtian. Nun ſo halten Sie mir meine Art zu gute! (nimmt ſeine Hand.) Lieber junger Herr, ſein Sie vorſichtig! (ängſtlich.) Um Gottes willen — recht vorſichtig — und dankbar gegen ihren Wohlthä- ter! Haben Sie ja ihre Pflicht immer vor Augen — (mit beſcheiden gebrauchtem Zeigefinger.) Ach, Herr Ruhberg! —

Ruhberg. (mit edlem Befremden, und dem Tone des guten Gewiſſens.) Ein trauriger, warnender — wie es mir däucht — gar ſtrafender Ton? (Er nimmt Chri- ſtians Hand.)

Chriſtian. (wendet das Geſicht ab.) Sehen Sie nicht auf das! (indem er ihm die Hand drückt.) Sein Sie nur gut! bis Abend bleibe ich in der Stadt — ſollte Ihnen etwas zuſtoßen — (ſieht Ihn wehmüthig an.) etwas gefährliches, meine ich — ſo — ach laſſen Sie mich ins Freie! (macht ſich los.)

Ruhberg. (will ihm nach, indem kommt Marie.)

E 5.

Dritter Auftritt.

Ruhberg.   Marie.

Marie. (verbeugt sich.) Lieber Herr Ruhberg — ich habe eine wichtige Angelegenheit; wollten Sie mir wohl behülflich sein?

Ruhberg. Recht gern.

Marie. Der Major hat mir ein Geschenk mit allerliebsten Büchern gemacht. Ich möchte ihm wieder ein Vergnügen machen. Mit unsern Portraits haben wir getauscht, ich und meine Schwester. — Karoline hat meines, und ich ihres. — Nun möchte ich dem Major Karolinens Portrait schenken.

Ruhberg. Sie benehmen sich recht verbindlich!

Marie. (verlegen.) Aber heute noch —

Ruhberg. Freilich!

Marie. (besieht das Portrait.) Wenn es nur schon gefaßt wäre! —

Ruhberg. Ja so! —

Marie. Ich dachte so — (tändelnd) der Major nimmt Tabak — weil ich es nun so gern heute übergäbe — (interessant.) wenn Sie Ihre Dose mir überließen — —

Ruhberg. Mit tausend Freuden!

Marie. Weil sie doch schon eine Fassung für ein Portrait hat — meinte ich.

Ruhberg. Hier ist sie.

Marie. O Sie sind recht gut!

Ruhberg. Das Portrait wird passen.

Marie. Hier ist es. — Sehn Sie, es paßt — — darf ich es nun fassen lassen?

Ruhberg. Ich will es selbst thun. Es ist leicht geschehen.

Marie. (verbeugt sich.) Kann ich es bald haben?

Ruhberg. In einer Viertelstunde bringe ich die Dose auf Ihr Zimmer.

Marie. O wie der gute Major sich freuen wird! (Sie bleibt noch etwas stehen.) — Die Dose ist so simpel — wie ich mir sie dachte! (verbeugt sich.) Ich bin Ihre Schuldnerinn — aber — ich stikke Ihnen ein Andenken — und — (Sie sieht ihn gutmüthig an.) wenn Sie frölicher sein wollen, so will ich es recht hübsch machen — — —

Ruhberg. (fixirt sie, und sagt mit Dankbarkeit:) Das will ich!

Marie. (war schon etwas gegangen, und kommt wieder. Ernst.) Aber nicht so, wie Sie thun, wenn Sie mit dem Vater spazieren gehen — die Augen voll heller Thränen (gerührt.) und dann noch lächeln — (weich). so nicht!

Ruhberg. (tief gerührt.) Nein; recht herzlich frölich! So heiter, (er nimmt ihre Hand) wie man unter so lieben Menschen sein muß!

Marie. Vergessen Sie es nicht! (Sie sucht die Innigkeit ihres Gefühls zu verbergen.) Ich möchte sie gerne frölich sehen.

Ruhberg. Ich vergesse es nicht!

Marie. Eher kein Andenken!

Ruhberg. (leise.) Eher kein Andenken.

Marie. (geht schnell weg.) Vergessen Sie es nicht!

Vierter Auftritt.

Ruhberg. (Sieht ihr nach.) Welch ein herzliches Wohlwollen! (Er setzt sich, um die Dose fertig zu machen; während dessen:) Ganz das Bild meiner guten Schwester!

Fünfter Auftritt.
Ruhberg. Wilhelm.

Wilhelm. Sieh da! Meine Schwestern putzen sich — man siedet und bratet! Du — hier, und (geht näher.) schnitzelst? — Ei, aus Langerweile? schwerlich! Also aus Mißmuth? (seufzend.) Ha, da möchte ich auch schon so etwas thun!

Ruhberg. Du nimmst es nicht recht. Arbeit für Marien — ein Präsent für den Major.

Wilhelm. Ich habe bei Gelegenheit dieser Heirath mit Vergnügen bemerkt, daß mein Vater sonderbare Meinungen eben so leicht aufgiebt, als er sie annimmt. — Ich sah zugleich noch etwas — jetzt mit Gewißheit, das mich kränkte, (gerührt) jetzt tief, sehr tief schmerzt! Und (mit einem tiefen Seufzer.) doch, wenn ich es recht bedenke, muß mir dieser Schmerz endlich sehr beruhigend werden.

Ruhberg. (setzt die Dose auf den Tisch.) Räthsel!

Wilhelm. Mein Vater liebt mich nicht.

Ruhberg. Wilhelm.

Wilhelm. Mich nicht — und Marien nicht.

Ruhberg. (erschrocken.) Ist es möglich?

Wilhelm. Denk' an die Unterredung, wie ich ihrer ewig denken werde.

Ruhberg. Worte, die der Schmerz auspreßte —

Wilhelm. Sie kamen aus dem Herzen.

Ruhberg. Der Zorn schien ihnen Wahrheit zu geben.

Wilhelm. „Ich habe keine Kinder mehr!" — das sprach er! Vielleicht können wir andern ihm das nicht sein — wir haben — ich besonders — vielleicht etwas Entfernendes. — Daß Karoline selbst an allem Vorzug ganz unschuldig ist, betheure ich; also muß so etwas sein und vorhergehen, (mit Wehmuth) wenn ein herrlicher Mann, wie mein Vater, eine Pflicht, woran alle gleichen Theil haben, in große und kleine Theile theilt. Es sei! (wischt sich eine Thräne ab) daß ich So hn bin, zeugt mir mein Herz — daß ich nicht angenehmer Sohn bin, ist weder mein Vorsatz noch mein Werk.

Ruhberg. Wüßte der gute Mann, daß seine Worte deinem Herzen so wehe thun — —

Wilhelm. Nun kurz und fest beschlossen. Ich bleibe länger nicht mehr in meines Vaters Fabrik. — Ich sehe die Welt, gehe meinen Weg, und laß uns dann erwarten, was Muth und Fleiß aus mir machen! — das — geschieht einmal — über kurz oder lang — also gehabe dich wohl, Ruhberg!

Ruhberg. Wilhelm!

Wilhelm. Wo du mich einmal antrifst — da wohnt ein alter Freund.

Ruhberg. Du bist doch nur übler Laune — Wilhelm!

Wilhelm. (schüttelt ernsthaft den Kopf.) Unterdeß, sei guten Muthes. Sollte mein Vater Marien einmal gar zu sehr vergessen — so sprich für das Kind. Sie ist gut. Am liebsten wollte ich — sie gefiele dir einst! — Sollte indeß die See mit mir zu thun kriegen, oder tritt mir jemand zu nahe — ich nehme es übel, und er schickt mich hin — So man Niemanden mehr zu nahe tritt — so sei mein Erbe! dies ist mein Wille! — (Er will ihn umarmen.)

Ruhberg. Nein! Für dein Vertrauen — deine Liebe zu mir — möchte ich dich gern umarmen — aber den Kuß nehme ich nicht an! Gelobe mir, als ehrlicher Mann, daß ich erst dann deinen Abschiedskuß erhalte — wenn du wirklich reisest!

Wilhelm. (nachdenkend.) Bis dahin sagst du meinem Vater nichts.

Ruhberg. Nichts — wenn ich den Kuß erhalten soll, indem du reisest.

Wilhelm. (gerührt.) Es hätte nicht so sein sollen!

Ruhberg. Indem du reisest?

Wilhelm. (ihn fixirend.) Fest bin ich doch!

Ruhberg. Indem du reisest! — wie?

Wilhelm. Ja.

Ruhberg. (reicht ihm die Hand.) Bist du Mann?

Wilhelm. (schlägt ein.) Von Ehre!

Ruhberg. Gut!

Sechster Auftritt.
Die Vorigen. Der Major.

Ruhberg. Herr Major, die ersten Augenblicke Ihres Glücks, hielt ich für zu edel —

Major. (verbeugt sich gegen ihn. Zu Wilhelm:) Ich glaubte die Frauenzimmer hier zu finden — —

Wilhelm. Häusliche Einrichtungen — Putz —

Ruhberg. Der beſte Wunſch, der —

Major. (zerſtreut.) Puß — wie kommt das?

Wilhelm. (ihn zu ſich drehend.) Verlobung!

Major. Ach! — dann ſollte ich — (auf ſich ſehend.) Doch wozu? was der Figur fehlt, ſteht durch Aufpuß nur in widrigerm Licht.

Wilhelm. (getroffen.) Sie kommen in finſterer Laune!

Major. Aus einer Geſellſchaft, — wo ich, als Bräutigam, das Ziel des Witzes ſein mußte. (Mit flüchtigem Blick auf Ruhberg.) Mancher that mir weh!

Wilhelm. Herr Ruhberg ſagte Ihnen vorhin —

Major. (ſehr höflich.) Was ſteht zu Ihren Dienſten?

Ruhberg. Von dem was ich ſagen wollte, beſcheide ich mich, daß es für Sie der Wunſch eines Fremden iſt.

Major. Sie haben viel für meine Ehe gethan — ſagt Karoline — herzlichen Dank! Ich wünſche, daß Sie etwas Gutes geſtiftet haben!

Wilhelm. Zweifeln Sie daran, Herr Major? —

Major. Nicht um die Welt! (bedeutend.) Es wäre zu ſpät!

Wilhelm. Ich will meiner Schweſter ſagen, daß ſie noch nicht kommt. Sie ſind in einer Laune, die das Mädchen nicht erfreuen kann, das ſich für Sie mit Beziehung ſchmückt. (er geht ab.)

Sieben-

Siebenter Auftritt.

Der Major. Ruhberg.

Major. (für sich hin.) Für mich? — Sie schmücken sich für alle!

Ruhberg. Billig. Nur nicht für Einzelne.

Major. (rasch.) Sie sind eifersüchtig.

Ruhberg. Ich habe kein Recht dazu.

Major. Sehr glücklich! O sehr glücklich! (zu ihm tretend) und doch schwermüthig?

Ruhberg. Lieber Herr Major — wer ist es nicht zu Zeiten!

Major. Sie leiden? — — — — Liebe — heiße, innige Liebe verzehrt Sie.

Ruhberg. (seufzt.) Schicksal!

Major. (verwendend.) So seelangreifend?

Ruhberg. Oft vergesse ich es, durch die Güte dieser Familie, trage ruhig, und wünsche sehnlich, daß alles bald aus sein möchte!

Major. (ergreift seine Hand.) Sie lieben nicht?

Ruhberg. Ach!

Major. (mit Zuversicht.) Sie lieben unglücklich!

Ruhberg. (die Augen zum Himmel) Sehr!

Major. (läßt ihn fahren.) Wer unglücklich liebt — vor der Ehe, dem schenke jeder eine Thräne! Aber — wer nun in der Ehe unglücklich liebt —

D

in der Ehe — O —! dem wäre beſſer, daß er niz geboren wäre!

Ruhberg. (heftig.) Das fühle ich!

Major. (mit Anſehen.) Wohl ihnen! (ſanfter.) Ihnen — und Ihrer Freundinn! (nach einiger Pauſe tritt er plötzlich zu ihm.) Sagen Sie mir, lieben Sie ein Mädchen, das Ihre Liebe ins Verderben ſtürzt?

Ruhberg. (außer ſich.) Sie nennen mein Unglück!

Major. (Pauſe.) Immer tiefer ins Verderben — je zärtlicher Sie ſie liebten? —

Ruhberg. (mit Thränen.) Ich Unglücklicher!

Major. Die Geliebte Ihres Freundes?

Ruhberg. (bedeckt ſich das Geſicht.) Herr Major!

Major. Wenn ſein Hausfriede geſtört, Ihre Gewiſſensruhe vertändelt, und —

Ruhberg. Ich bin Herr meiner Leidenſchaft!

Major. (ihn ſcharf anſehend.) Ruhberg! —

Ruhberg. Ich habe entſagt — und verblühe!

Major. (im Ausbruch von Erkenntlichkeit.) So heile Gott Ihre Wunden und ſegne Sie! er laſſe jede — — — hm — was will ich — vergeben Sie — — ich wollte eigentlich von Ihnen ſprechen. — Guter Mann, vielleicht finden Sie in der Freundſchaft, was Ihnen die Liebe verſagt! Sehen Sie mich als Ihren Freund an.

Ruhberg. Wie würde die hinwelkende Staude neben dieſem kräftigen Stamme ſich ausnehmen?

Major. (warm.) Sehen Sie mich als Ihren Freund an!

Ruhberg. Es ist ein Unfriede in mir, der alle Menschen von mir verscheucht.

Major. Sie nehmen sich die Beruhigung —

Ruhberg. Arbeit, Lesen, Musik und Malerei, (bei dem letzten Wort erinnert er sich der Dose, ergreift sie mit Vorsicht, und steckt sie mit Verlegenheit ein) helfen mir vieles vergessen.

Major. (schnell.) Mit Ihrer Erlaubniß!

Ruhberg. (lächelt und hält die Hand an die Tasche.) Herr Major, ich darf nicht!

Major. Es war ein Frauenzimmergemälde auf dem Deckel. (kalt.) Sie dürfen nicht?

Ruhberg. Nicht ohne Indiskretion gegen ein liebes Mädchen. (J...se — tritt zurück.)

Major. (im höchsten Zorne.) Herr Ruhberg, daß ich — — daß — (faßt sich) hm!

Ruhberg. (aufmerksam.) Was ist Ihnen?

Major. (sieht ihn eine Weile an und reibt die Hände.) Ich war in Gesellschaft — in dienstfertiger, freundlicher — verdrießlicher Gesellschaft —

Ruhberg. Dieser Um...se kam so plötzlich, daß ich befürchten muß —

Major. (gezwungen ruhig.) Also die Dose sehe ich nicht?

Ruhberg. (verlegen.) Nicht wohl! (besinnt sich.)
Indeß wenn — (will sie zeigen.)

Major. (hält rasch seinen Arm.) Nein, nein!
(in dieser Stellung.) Es ist besser, ich sehe sie nicht —
eben weil mein Unwille mannichmal plötzlich kommt!
— — Eine Bitte, Herr Ruhberg, versagen Sie
mir doch nicht?

Ruhberg. Was mir möglich — —

Major. (rasch und mit Jronie.) Auf mein Wort,
die Dose betrift es nicht! — Unterschreiben Sie
doch meine Eheftiftung als Zeuge.

Ruhberg. Diese Ehre gebührte vielleicht einem
Andern näher.

Major. Keinem näher als Ihnen.

Ruhberg. Mir?

Major. Weil Sie gleichsam die Ehe gestiftet
haben. (mit bitterm Ernst.) Sie sollen hören, was
ich meiner Braut gelobe, und (mit Nachdruck) was
sie mir gelobt!

Achter Auftritt.
Wilhelm. Die Vorigen.

Wilhelm. Meine Schwester erwartet Sie. —

Major. (verbeugt sich.) Jetzt nicht. — Hernach — (besinnt sich.) Mittags — oder — (ironisch)

zur Verlobung, oder zu Tisch? (heftig.) Indeß, Herr Ruhberg — —.

Ruhberg. (mit Würde.) Herr Major, ich sehe jetzt, wir müssen uns bald und umständlich sprechen; und für mich, bitte ich darum.

Major. (stolz.) Kann werden! (kalt.) In der That, ich glaube, es giebt mehr unter uns! (mißt ihn mit einem edlen Blick und geht ab.)

Ruhberg. (bei Seite.) Mein guter Christian, nun begreife ich dich!

Wilhelm. (der dem Major die halbe Zimmerlänge nachging, und ihm nachsah, bleibt stehen; in höchster Verwunderung zu Ruhberg.) Was war das?

Ruhberg. (kalt und finster.) Mein Schicksal!

Wilhelm. (zu ihm tretend.) Ich verstehe dich nicht!

Ruhberg. (eben so.) Mein Schicksal! — Ich erkenne seinen Wink!

Wilhelm. (heftig.) Wenn der Major — es sei warum es wolle! — dir nun mit einem Wort zu nahe tritt —

Ruhberg. In dem Major sehe ich das Werkzeug einer höhern Hand. Er kann nicht weiter als er soll! laß die Vergeltung walten — ich will ausharren!

Wilhelm. Was heißt das?

Ruhberg. Nein, nein! keine Luft zum Feuer! — Indeß, (giebt ihm die Dose) gieb dies Marien. Es

ist ihre, und ich kann es ihr jetzt nicht brin
gen. —

Wilhelm. (steckt die Dose ein, und sieht ihn trau
rig an.)

Ruhberg. Lieber Wilhelm — laß uns ausein
ander gehen.

Wilhelm. (langsam, traurig.) Wenn du es ha
ben willst! (geht.)

Ruhberg. Ein Wort.

Wilhelm. (kommt wieder.

Ruhberg. Wir gingen so nicht gut auseinan
der — ich habe dich vielleicht unruhig gemacht — ohne
Ursach! vergieb mir!

Wilhelm. Es muß doch eine gewaltige Ahndung
in dir sein —

Ruhberg. Laß — Ahndungen, sind Träume
eines Kranken!

Wilhelm. Der Major war heftig — du selbst —
es ist umsonst, daß du es verbergen willst — du bist
tief schwermüthig.

Ruhberg. Ja. Aber es ist eine gefährliche
Krankheit, und ich will davon genesen. Schwermuth
lähmt alle Seelenkräfte, und ist oft nur ein Besser
dünken — Stolz, der unsre Schwächen decken soll. Ab
weißen, ausharren, fest auf Kraft von oben bauen,
das ist deines Vaters Lehre, und ich will sie üben!

Wilhelm. Wenn du mir nur sagtest —

Ruhberg. Ja, ich sage dir, der Muth zu meiner Pflicht giebt mir Ruhe! Sieh den Segen von deines Vaters Lehren — sie sind sanft, wohlthätig — wie Regen einem dürren Felde! dein Vater? — O Wilhelm — sei gut, — sei gut — ein guter Sohn! — (sieht ihn mit inniger Rührung an.) So laß uns auseinander gehen — das war ein guter Wunsch!

Wilhelm. (schmeichelnd.) Ich gehe — und du bleibst Sohn in diesem Hause?

Ruhberg. Indem du reisest, vergiß das nicht!

Wilhelm. Du bleibst Sohn in diesem Hause?

Ruhberg. Kann ich für deine Pflicht antworten?

Wilhelm. Vom Freunde nicht geachtet, und nicht geliebt von Vater! So laß mich in die Welt, und suchen, was ich hier nie finde! (geht.)

Ruhberg. Du wirst bleiben, gute Seele!

Neunter Auftritt.
Ruhberg. Walfing.

Walfing. Ich lasse Sie lange warten.

Ruhberg. Herr Walfing!

Walfing. Und doch umsonst! — Lieber Ruhberg, ich wollte heute für Sie sorgen. Sie haben große Talente große Geschicklichkeit. Ich dachte, ein größerer Wirkungskreis für Sie — Ihr Kapital

beſſer angelegt wie hier, werde Sie zufriedener mit
ſich ſelbſt machen, Ehrgeiz Ihren Muth ſpannen,
wie Anſehn und Ruhm weit und viel zu wirken, dem
jungen Manne eine neue Schnellkraft zu geben pflegt.
Da hatte mir denn der Präſident lange ſchon gewiſſe
Hofnung gemacht; allein heute war er widerſinnig
ſteif. — Nun iſt wieder dies nicht und das nicht!
„Ein Fremder! — und nun muß man erſt höhern
, Orts ſondiren, und“ — Sei es darum! Ich habe
noch andre Konnexionen.

Ruhberg. (bringend.) Nicht von Ihnen, lieber
Herr Walſing! — Nicht aus Ihren Augen. Warum
will mich mein Lehrer verſtoßen?

Walſing. Nicht Lehrer. Ein Mann, der
ſelbſt oft fiel, und drum gut warnen kann. — Verſtoßen? — Lieber Herr Ruhberg, nein! Sie in
Ihr Element bringen — Sie nicht mechaniſch Zahlen
zu malen —

Ruhberg. Ich war in dem Elemente; allein ich
befand mich nicht wohl darin. Ach, wenn die, welche
der Ehrgeiz verzehrt, die auf der Höhe glänzen, die
immer höher klimmen — wenn die ſo ehrlich wären,
zu bekennen: daß ſie Zufriedenheit und Freude einem
Götzen opfern, der mit jedem Opfer ein neues ver-
langt; daß immer das raſtloſe Auge an Klippen hängt
— jeder Augenblick von der Furcht zu ſcheitern aus-
gefüllt wird. Hier Verſuchung — dort Kabale — hier

Mißmuth — überall Hinderniſſe Gutes zu thun —
Falſchheit und Betrug, verkappte Arglift, wo man
hinſieht — Fußangel, wo man hintritt — Lieber Herr
Walſing — im Mittelwege Gutes zu ſchaffen, da welkt
die Blüthe der Freude nicht am Ehrgeiz hin, da nagt
kein Wurm an der Knoſpe der Tugend! Wir hätten
frohere Jugend und glücklichere Väter, wenn keiner
höher ſteigen wollte, als ihn das Schickſal geſetzt hat!

Walſing. (ihm froh die Hand reichend) Schlagen Sie ein. So habe ich Sie gewünſcht! (mit prü-
fendem Blick) Sie wünſchen ſich alſo keinen andern,
höhern Wirkungskreis, als Sie jetzt haben?

Ruhberg. Nein, Herr Walſing.

Walſing. Bedenken Sie ſich wohl — Keinen
andern, als den einförmigen Umtrieb meiner Fabrik?

Ruhberg. Nein; niemals! Er iſt mit Hausfreuden verbunden. Eine nutzbare Thätigkeit giebt
ihm Mannichfaltigkeit. Die Blume — die im Ver-
borgenen blühet — blühet meiſtens am ſchönſten.

Walſing. Es iſt alſo überlegte Ueberzeugung, daß
Sie bei mir bleiben wollen?

Ruhberg. (hängt mit unwillkührlichem Drange ſich
an ſeinen Arm und preßt ihn an ſich.) Bei Ihnen bleiben, Ihre Freude mit Ihnen theilen — über Hun-
derte wachen, denen ſie Brod geben — und das, was
Sie mir geben, mit Thätigkeit würzen.

D 5

Walfing. (der beide Hände auf seine Schulter legt, gerührt.) Auch dieser Kranz für meinen Geburtstag? — O Ruhberg — er wird blühen! — Ruhberg, er wird meinem Alter Kraft geben! (nach einer Pause.) Ich bin Ihnen schon so vieles schuldig. Unter Ihren Händen blühet mein Vortheil, und meine Kinder werden durch Sie reich. —

Ruhberg. Herr Walfing! —

Walfing. Die Zahl meiner Arbeiter hat sich verdoppelt, seitdem Sie bei mir sind. Ich habe mehr Kommissionen, als ich fertig machen lassen kann. — Wem verdanke ich dieses, als den Mustern, die Ihr Geschmack erfindet? — Kaum sahen Sie die handwerksmäßige Zubereitung meiner Farben, als Ihre Kenntniß der Chemie —

Ruhberg. O mein Wohlthäter! —

Walfing. Schöner, ächter, wohlfeiler sind unsre Arbeiten! Kaum hatten sie begriffen, woher ich mein rohes Produkt zog —

Ruhberg. Sie erhöhen —.

Walfing. Nein, wahrlich nicht! — Meine Kinder selbst wurden bessere Menschen in Ihrem Umgange. Ruhberg — ich wäre so gern mit Freude und Herrlichkeit zu Ihnen gekommen — denn ich liebe Sie eben so sehr, wie meinen einzigen Sohn.

Ruhberg. Mein Vater —

Walfing. Für Sie besonders hätte ich heute Vater sein mögen. Ich habe für alle meine Kinder auf eine Freude gedacht; sollte ich denn für Sie keine finden?

Ruhberg. Ach — wenn ich je bei solcher Herzensprache nicht kindlich fühle — so fehle es mir ewig an Frieden!

Walfing. Hm — Sie ergreifen mich seltsam! — Sie — Sie machen, daß ich der Zeit einen Vorsprung thue. Ließen Sie sich wohl zu einem Blick in Ihr künftiges Schicksal führen? —

Ruhberg. Ach!

Walfing. Wie ich es sehe! — Alles hier im Hause liebt Sie. Meine gute Marie bringt mir nichts aus Ihrem Arbeitszimmer, oder sie erzählt mir, was Sie machen. Manchmal beschreibt sie Ihren Tiefsinn — so herzlich, daß ich weinen möchte. Die öftern Thränenflecken im Hauptbuche hat sie mir erklärt. O Ruhberg — sanft legte ich meine Hand darauf und dachte: Gott, gieb ihm was sein Herz bedarf! — Sie bemerkt Ihre guten Eigenschaften oft gegen mich, und ich table sie nicht. Ich freue mich der unschuldigen Zuneigung des Kindes. — Neulich, da ich für die Zukunft meiner Marie nachdachte — sagte ich mir: — „Der Mann älter als die Frau, sichert Glück des

„Lebens!" und, indem ich Ihre Hand drücke — —
denke ich es recht herzlich! — Ob Sie nun Ihr
Schicksal gesehen haben — entscheide Gott! — (Er
geht ab.)

Zehnter Auftritt.

Ruhberg. Gott! du hast entschieden! (höchst
traurig.) Sophie — Sophie! Trauer um dich bis
zum Grabe! (nachdenkend.) Marie! wäre ich deinem Herzen hier zu viel? (Pause.) Aufs Land hin,
da kann ich für Walsing und Marien arbeiten. So
kann ich am Tage nützen und erwerben, Abends be-
lohnt mich Frucht — ich bete für Sophien, für meine
Mutter, für Walsing und Marie — für alle, die ich
liebe! — Das Gerücht fährt über die Erde hin, ohne
mich zu finden, und hinter dem Abendroth winkt
freundlich der Engel meiner Vollendung! (ab.)

Ende des zweiten Aufzugs.

———

Dritter Aufzug.

Erster Auftritt.

Wilhelm. Ein Bedienter.

Wilhelm. In diesem Zimmer — — hier?

Bedienter. So sagte Herr Walsing.

Wilhelm. Ich habe noch einmal — und sehr nothwendig auszugehen; sage er es meinem Vater hernach, wenn ich wieder komme.

Bedienter. Verzeihen Sie — ich habe den ausdrücklichen Befehl, so wie Sie kommen würden. (ab.)

Wilhelm. Nun gut!

Zweiter Auftritt.

Marie. Wilhelm. Hernach Karoline.

Marie. Bist du auch da? —

Wilhelm. Weißt du nicht, was wir sollen?

Marie. Nein.

Wilhelm. War mein Vater geheimnißvoll? —

Marie. Gar nicht; etwas betreten.

Wilhelm. Betreten? — ich hoffe nicht —

Karoline. (tritt ein.)

Wilhelm. Karoline, ist jemand Frembes bei dem Vater gewesen?

Karoline. Niemand.

Wilhelm. Warum er mich — uns alle drei hieher bestellt haben mag?

Karoline. Ich dachte es von euch zu erfahren.

Dritter Auftritt.
Walsing. Die Vorigen.

Walsing. (im Hereintreten.) Daß uns Niemand
unterbricht, bis ich wieder herauskomme! — Seid
ihr da? — du auch lieber Wilhelm? Wir müssen
einen Augenblick unter uns seyn, darum ließ ich euch
hieher bescheiden. — Meine Kinder — meine drei
lieben Kinder — heute ist Karolinens Verlobungstag;
ich bin gewiß, daß ihr euch von Herzen mit ihr
freuet — —

{ **Wilhelm.** (umarmt sie treuherzig.)

{ **Marie.** (hat ihre Hand.)

Walsing. (mit einem Blick auf Wilhelm und
Marien.) Und doch ist meine Freude — —

Wilhelm. (betroffen.) Mein Vater —

Walsing. Ruhberg, dieser gute, edle Mann,
warf mir vor: „Ich liebe euch nicht alle drei gleich.
„Meinen Wilhelm nicht wie meine Karoline — meine
„Marie nicht wie meine Karoline." Und da klagt
ja eben ein Seufzer meines Sohnes dasselbe.

Wilhelm. (bescheiden) Kummer — nicht Klage!

Walsing. Hört mich an. Ich will mich verantworten. Richtet mein Herz gut und kindlich. — Karoline verläßt mein Haus — Wilhelm! wer weiß, wohin dein Talent dich führen wird? — Marie? — wie lange wirst du mir noch bleiben? — Allgemach rückt die Zeit unserer Trennung heran —

Marie. (sich an ihn drängend.) Niemals, Vater! — Nie — nie!

Walsing. Weinet nicht — prüft euren Vater. Meine Liebe ist ein Kapital, das allen dreien gleich gehört; darum bin ich euch Rechenschaft davon schuldig. — Meine Kinder! Um wen von euch habe ich mich nicht gefreuet? Mit wem von euch habe ich nicht gelitten? Lieben Kinder, schätzt ein Vaterherz nicht nach Worten! — Wer von euch hat meine Thränen gezählt, meine Gebete gehört? — Ist Anschein gegen mich — — ich kann euch nichts dagegen geben, als mein Wort! Aber ihr waret stets Zeugen meiner Handlungen — über uns ist Gott! Und so betheure ich auf mein Wort — ich liebe euch alle drei, eines wie das andere! — Kinder — auf diese Wahrheit will ich einst in euren Armen den Geist aufgeben — ich liebe euch eines wie das andere!

Wilhelm. O dann lassen Sie mein Herz — (alle drei wollen seine Knie umfassen.)

Walsing. Geduldet euch!

Wilhelm. Nein, ich darf nicht mehr —

Walfing. Geduldet euch! — Ich nannte sie: „meine erstgeborne, meine liebste Tochter." In Ruhbergs Hände, sagte ich, gebe ich mein Alter. Vergieb mir Wilhelm, vergieb mir, Marie! Kinder, Kinder! Wenn du Vater — und ihr Mütter werdet — das Kind, das in Gefahr ist, ist für den Augenblick das liebste! — — Es ist wahr! Ihr sagte ich alles. Sie hieß ich oft mein liebstes Kind; mit ihr ging ich mehr als mit euch — auf Sie fiel mein Blick zuerst! — Nun bitte ich euch — nehmet die Sache wie sie ist, und haltet mich in meinem Wort, wie einen ehrlichen Mann! Sie konnte zuerst mir Dienste leisten — Sie versteht einen Theil meiner Geschäfte (zu Wilhelm) dich entfernten Lehrstunden — (zu Marie) dich Jahre von mir. — Nun seht, so that die Gewohnheit, woran mein Herz nicht dachte; hat euch aber diese Gewohnheit gekränkt — Wilhelm! Marie! so vergebt es mir! wer fehlt nicht? — vergeßt den Fehler, und glaubt, so wahr ich Freude an meinen Kindern hoffe — ich liebe euch alle drei gleich!

Wilhelm. Karoline. Marie. (ihn umarmend) O mein Vater!

Walfing. Alle drei gleich! Glaubt ihr meinem Worte?

Wilhelm. O Gott! (er geht an die Seite und weint.)

Marie.

Marie. Ich kann gar nichts sagen — —

Walfing. Was ich vielleicht im Schmerz ge=
sagt habe — es betrübt mich — Wilhelm! Marie!
könnt ihr es ganz vergessen?

Wilhelm. Karoline, Marie! laßt uns noch
einmal den Vater umarmen — mit solchem Gefühle
geschah es nie! (Alle drei umarmen ihn.)

Walfing. Alle drei gleich!

Marie. Ewig! ewig!

Wilhelm. Wohin mich auch das Schicksal —

Walfing. Erinnert euch daran: euer Vater ließ
die Sonne nicht untergehen, bis er mit seinen Kin=
dern einverstanden war. Und wo ein Mißverständ=
niß unter euch ist, oder unter denen die ihr liebt, so
tragt es nicht die Nacht durch in eurem Herzen!

Wilhelm. Nun dann lassen Sie auch meinen
Fehler —

Walfing. (gütig) Nichts mehr, Wilhelm!

Wilhelm. Ich bitte, ich bitte, hören Sie — —

Walfing. Hast du mir in deinem Herzen zu viel
gethan: so laß Liebe, volle Liebe für mich, dahin
dringen, wo das Mißverständniß war. — Nein —
keine Erschütterungen, meine Kinder! Ihr seyd er=
leichtert — ich bin es: — unsre Herzen schlagen
rascher; guter Vorsatz und Freude sey unser Dank!
— Freude? Ihr guten Kinder! Ich kann euch
Freude geben. Sie betrifft unsern Ruhberg.

E

Wilhelm. Gottlob!

Walfing. Lange schon unterhandle ich mit seiner guten Mutter, sie soll uns besuchen — —

Wilhelm. Ach — ist das gewiß —?

Walfing. Lange ließ Sie mich in Ungewißheit; gab mir dann Hoffnung — und endlich bringt mir eben die reitende Post die Nachricht: daß Sie acht Stunden von hier übernachtet, und heute Abend gegen fünf Uhr hier seyn will.

{
Karoli ie. Das ist herrlich!

.Wilhelm. Ehrlicher Ruhberg!

Marie. Ach!
}

Walfing. Kinder — das strengste Stillschweigen! — verderbt meine Freude nicht.

Marie. (außer sich) Nein, wir müssen uns nichts merken lassen!

Wilhelm. Durchaus nicht!

Karoline. (schmeichelnd) Soll Sie nicht das grüne Zimmer bewohnen?

Walfing. Allerdings!

Marie. (sich zudrängend) Ich darf es besorgen? — Nicht? —

Walfing. Wenn du willst! —

Marie. (indem sie schnell geht) Sie werden sehen, daß ich nichts vergesse!

Walfing. Marie! — ein Wort! — Kinder — ich freue mich, euch so freundschaftlich und gut zu sehen! — O liebt immer die Gaſtfreundſchaft! Meine beſten Stunden — mein beſſer Segen, ward mir durch ſie! — Ohne den Fremden, den ich aufnahm — dieſen lieben Ruhberg, der uns nun Sohn und Bruder iſt — ohne ihn — wäre heute vielleicht auf immer der Grund zu einem Mißverſtändniß unter einer guten Familie gelegt. Haßt die Prunkgelage der feinen Welt, und übt die Haustugend unſerer Väter: — Gaſtfreundſchaft. Ihr gebt Erquickung und Freude — und euer Gaſt giebt euch einen Theil ſeines Herzens.

Wilhelm. Karoline. Marie. Wir wollen es.

Walſing. Itzt geht! (Marie geht ab.) Gehe auch du, mein guter Sohn —. Ich habe Karolinen noch eine Frage zu thun.

Wilhelm. (geht ab.)

Vierter Auftritt.

Walſing. Karoline.

Walſing. Keine Lehren, mein Kind, zu dem Stande und den Pflichten, die du antreten wirſt. Was du nicht ſchon biſt, würdeſt du wohl ſchwerlich noch werden! — Eine Frage. — Man ſagt mir: der Major ſey eiferſüchtig?

Karoline. (leicht) Er iſt es faſt.

Walſing. (ernſt) Das höre ich ungern.

Karoline. (entſchuldigend) Aber es iſt —

Walſing. (mit aufgehobenem Finger), Wenn er dich damit quält — — —

Karoline. Dieſe Eiferſucht iſt bei ihm — ja, das kann ich ſagen — Sprache der Liebe in andern Ausdrücken. Der höchſte Grad der Liebe! Bekümmerniß — um die Freude noch reiner zu fühlen.

Walſing. Einige Eitelkeit — und viel Liebe, mein Kind! — Sollte dir indeß ſeine — ſeine Art, will ich es nennen — läſtig werden, (ernſtlich) ſo tritt zurück! lieber tritt unter der Zeremonie zurück!

Karoline. (erſchrocken) Mein Gott! wer kann —

Walſing. (nachdenkend) Man hat mich in der That ſehr beſorgt gemacht, — lieber einiges Aufſehen, als ewiges Unglück! — Uebrigens ſetze ich keinen Zweifel in dich. Du haſt das Beiſpiel deiner Mutter: folge ihm, ſo wirſt du Segen haben! (er geht ab.)

Fünfter Auftritt.
Karoline.

Nicht ſeine Heftigkeit beunruhigt mich — aber ſein Ausbleiben. Er war da — finſter, heftig, verwirrt — ging, ohne mich zu ſehen! — Doch wozu die Unruhe? — Ich liebe meine Pflicht und meinen Karl — ich will gerade und offen handeln. — Ach, da ist er!

Sechster Auftritt.

Der Major. Karoline.

Major. (bleibt oben stehen) Wer?

Karoline. Du!

Major. Ich? — — Warum freut mich der Ton? — war ich erwartet?

Karoline. Gewiß, lieber Karl, du wurdest sehnlichst erwartet; aber nicht dieses Runzeln der Stirn, dieser Mißmuth. Allein ein lieber Gast kann lästige Gefährten mitbringen; auch sie sind um seinet willen willkommen.

Major. Karoline!

Karoline. (freundlich lose) Aber diese lästigen Gefährten schicke ich weg, und behalte meinen lieben Gast allein.

Major. Laß das Tändeln! Ich muß dir ernste Worte sagen, Karoline.

Karoline. Mußt du erst finster seyn, ehe du gut wirst?

Major. Bei Gott, es ist eine Thräne in deinem Auge!

Karoline. Sieh sie nicht — so — sie ist weg. Es sollte ein Lächeln seyn, das dir gefiele.

Major. (will sie umarmen — faßt sich, und zieht sich auf einmal zurück) Wer — wer steht mir dafür, daß es nicht Laune ist?

Karoline. (bestürzt) Karl!

Major. An euch ist nichts Charakter — alles ist Laune. Güte — Sanftmuth — Trübsinn — Heiterkeit — in welcher Gestalt ihr auch erscheint — selbst eure Liebe ist Laune — — —.

Karoline. (zärtlich und mit Wehmuth) Karl! Karl!

Major. Versetzt mit dem Gifte der Gefallsucht; und diese spricht im Odemzuge wie im Blick. Ihre Sprache — wem bricht sie nicht das Herz?

Karoline. Du wolltest mir ernste Worte sagen — (sie setzt sich, Thränen zu verbergen) es ist geschehen!

Major. Lächle, weine, gieb meinen Herzen Hoffnung, reiß sie wieder nieder, und mache ihm so ein Ende, wenn dir das giebt, was du suchst.

Karoline. (gefaßt und traulich) Also kann deine Karoline dieses Phantom nicht von dir scheuchen?

Major. (verstört) Phantom? Phantom? — Spott der Welt — bittrer Spott! —

Karoline. Spott?

Major. Daß ich nicht sehe, wie du —

Karoline. (ängstlich) Was?

Major. Wie du — mache mich ganz elend, oder heile mich — — wie du Ruhberg zu gefallen strebst!

Karoline. (sanft aber mit Würde) Randau — das ist zu viel! Ich konnte erwarten, Umgang und Kenntniß meines Herzens hätten Sie fest davon überzeugt —

Major. (bitter) Daß Karoline wüßte, was gekränkte Ehre einem Manne von Ehre ist —

Karolin. Herr Major, ich schätze den Mann von Ehre über alles — nur nicht mehr, als meine eigne Ehre, die er beleidigt. (Sie geht.)

Siebenter Auftritt.
Ruhberg. Die Vorigen.

Ruhberg. Verzeihung, daß ich —

Karoline. (bleibt oben stehen.)

Ruhberg. (in der Mitte; die faye nach Beiden zu.)

Der Major. (geht vorn auf das Theater) — In der That, Sie unterbrechen —

Ruhberg. Um auf ewig zu vereinigen. — Es liegt mir sehr daran, mit Ihnen zu reden.

Major. So viel Sie wollen. (Er will gehen.)

Ruhberg. Mit Ihnen, Herr Major. Gewiß, ich will mich bestreben, nicht zu viel zu seyn.

Karoline. (besorgt und näher tretend) Herr Rußberg —

Major. Ha! wenn Sie so redlich dächten — —

Ruhberg. Will ich meinen Zweck erreichen —

Major. Noch mehr als schon ist?

Ruhberg. So darf ich nicht in Ihrem Tone
antworten.

Major. Was ist Ihr Zweck?

Ruhberg. Dieser Familie so nützlich zu seyn,
als ich kann.

Major. Meine Beredsamkeit wird auf alle Fälle
kurz seyn.

Ruhberg. Herr Major, ich habe Muth für
meine Pflicht!

Major. So lassen Sie uns zur Sache gehen!

Ruhberg. Ohne uns über Vermuthungen zu
beleidigen.

Major. (zu Karolinen) Auf einen Augenblick!

Karoline. (sieht Beide bedeutend an, und wendet
sich dann mit der äußersten Zärtlichkeit.) Ach Randau, Randau! warum mußte ich Ihnen theuer werden! (Sie geht ab.)

Major. (sieht ihr nach) So?

Achter Auftritt.
Der Major. Ruhberg.

Major. Was nennen Sie — wenn ich nun bitten darf — Muth für Ihre Pflicht?

Ruhberg. Mein Hierseyn!

Major. Dadurch bewirken Sie?

Ruhberg. Ihre Ruhe!

Major. Könnten Sie etwa mehr für sich anführen, als Betheurungen?

Ruhberg. Ihre eigene Meinung von meinem Charakter!

Major. Das klingt zuverſichtlich! aber — wäre es auch — führt es zur Sache?

Ruhberg. Geradesweges Es iſt eben ſo unmöglich, daß Sie jemals eine Gefallſüchtige hätten lieben können — —

Major. Warum nicht? liebenswürdige Eigenſchaften gaukeln um dies Laſter her, ſo dicht, daß, wer das eine bekämpfen will, Zerſtörer der andern ſcheint. Dies macht alle Männer zu Zweiflern, zu Tyrannen, oder zum Kinderspott!

Ruhberg. Iſt Karoline — doch mein Lob könnte Ihnen mißfallen; aber dem Buhler wäre Major Randau längſt Offizier geweſen!

Major. Buhler? — O nein! Aber — die feinern Verhältniſſe ſind meiſtens die ſchrecklichſten!

E 5

Ruhberg. Könnte Ihnen nichts Ruhe geben, als meine Entfernung — noch heute will ich dies Haus verlassen! Aber — wenn ich denn nun auch auf immer von aller Ruhe auf Erden schiede?

Major. (nach einigem Nachdenken.) Ich will gehen — Herr Walsing bedarf Ihrer.

Ruhberg. Muß es denn so sein — Sie oder ich? — Sohn oder Freund? — Glück oder Tod?

Major. Ueberzeugen Sie meinen Verstand.

Ruhberg. Ich weiß keine einzelne Beschuldigung —

Major. Das allgemeine Gerücht — die bittern Neckereien der Offiziere — Gesinde, das täglich sieht, wie meine Ruhe untergraben wird —

Ruhberg. Wenn solche Dinge so auf Sie wirken? — Herr Major, keine Ehe in der Welt!

Major. Ehe — und Ruhe — aber weit von hier — so bleibt es!

Ruhberg. Nun wohl; ich will Sie überzeugen. Zwar hätte ich, um Karolinen ein dauerhaftes Glück zu verschaffen, es gern ohne Dazuthun von außen gewollt; doch das ist — —

Major. Was — was meinen Sie?

Ruhberg. Ich räumte Ihnen heute ein, daß ich liebe —

Major. Und daß Sie unglücklich lieben — —

Ruhberg. Das ist —

Major. Daß Sie die Geliebte Ihres Freundes lieben?

Ruhberg. Herr Major —

Major. Daß, je mehr Sie sie lieben — das Mädchen desto unglücklicher ist? wie?

Ruhberg. Ich sprach Wahrheit, ohne damals Ihren Sinn zu errathen. Jetzt betheure ich Ihnen, bei allem was heilig ist, ich liebe unglücklich und weit von hier?

Major. Wo? — wen?

Ruhberg. Herr Major. —

Major. Halber Beweis ist Vermuthung — eine gilt wie die andere. Heilen Sie mich ganz!

Ruhberg. Ich will!

Major. Auf das Wort eines Mannes?

Ruhberg. Heute noch.

Major. Warum nicht jetzt?

Ruhberg. Ich muß glauben, daß nur schriftliche Zeugnisse Ihnen gelten.

Major. Wann?

Ruhberg. Sie sollen sie finden.

Major. Vor der Verlobung?

Ruhberg. Vorher!

Major. Ruhberg — ich will über Ihre Treue wachen — für Ihre Geliebte wachen!

Ruhberg. Beständigkeit kann mir das Schicksal nur mit Thränen lohnen — Beständigkeit ist Strafe

meiner Vermessenheit — doch ist mir diese Tugend so
heilig!

Major. Wenn Sie wanken —

Ruhberg. O — nie kann Sophie mein wer-
den! — aber ihr Geist umschwebt mich, ich thue
Alles für sie — Alles mit ihr! Sie erhöht meine
Kräfte — veredelt mein ganzes Wesen!

Major. Wenn Sie je wanken — so räche ich die
Betrogene!

Ruhberg. Sind Sie beruhigt?

Major. Ich möchte es gern sein! aber die Dose?

Ruhberg. Sie haben sie noch nicht?

Major. Nein!

Ruhberg. Sie werden sie erhalten — (lächelnd.)
und mit einem Kuß vergelten.

Major. Kann ich sie ruhig ansehen?

Ruhberg. Frölich!

Major. Ueberzeugt?

Ruhberg. Völlig.

Major. So bin ich ruhig — Gut! Ja — wenn
das ist — Ihre Beweise und die Dose — — die Dose
vorzüglich! — Nun wohl — so bin ich bis dahin ruhig auf Ihr Wort. (mit der Manier, die in der guten
Konversation den Aufbruch andeutet.) Ich achte mich
Ihnen sehr verbunden, Herr Ruhberg!

Ruhberg. Darf ich mir sagen, daß ich den Gram
eines edlen Mannes mit Achtung für sein Herz be-

handelt — mich der Prüfung mit Offenheit dargeboten habe?

Major. Es war viel Achtungswerthes in Ihrem Betragen — ich gestehe es ohne Schwierigkeit. (Er verbeugt sich. Ruhberg gleichfalls. Da Ruhberg geht, folgt er ihm, und sagt mit inniger Empfindung.) Wenn Sie edel lieben — so lohne Ihnen der Himmel mit aller Freude treuer Liebe!

Ruhberg. (nach einer Pause, im Tone sanfter Schwermuth.) Herr Major — ich habe auf der Welt keine Freude mehr — als den lindernden Händedruck treuer Freundschaft! (er geht ab.)

Neunter Auftritt.
Der Major.

So viel Liebenswürdigkeit — und Karoline sollte nichts für ihn — — (er geht umher.) Stärke dich in Selbstliebe und werde ein glücklicher Thor! (nachdenkend.) Seine Offenheit — so viel Muth — und dennoch Bestreben mich zu überzeugen?

Zehnter Auftritt.
Der Major. Marie.

Marie. Herr Major — sind Sie bei Laune?

Major. Warum, liebe Kleine?

Marie. Es wartet ein Glücksfall auf Sie!

Major. (zerstreut.) Irrlicht, gute Marie!

Marie. Wie meinen Sie?

Major. (drückt ihre Hand.) Also ein Glücksfall?

Marie. Die Bücher, die Sie mir geschenkt haben, machen mir recht viel Freude. Ich will Ihnen auch Freude machen — Sie müssen etwas zu meinem Andenken tragen. —

Major. Sie sind herzlich gut, liebe —

Marie. Ich sage Ihnen voraus, es ist von keinem Werth! Aber was wetten wir — Sie freuen sich doch!

Major. (gutmüthig.) Gewiß werde ich mich freuen.

Marie. Ja — denn Sie haben das noch nicht, was ich Ihnen gebe. (Sie holt niedlich schlau die Dose hervor, und bedeckt sie noch mit der Schürze; dann legt Sie sie schnell mit zugemachter Hand in die seinige, und geht einige Schritte zurück.) Da!

Major. (erblaßt.) Fürwahr, ich hatte es noch nicht!

Marie. (frölich.) Nicht wahr?

Major. Und bekomme es eben noch zu rechter Zeit!

Marie. Sind Sie böse?

Major. (ausbrechend.) So sah ich doch recht!

Marie. Herr Major — —

Major. Es soll mich überzeugen — ich soll fröhlich sein — es mit einem Kuß vergelten — auf Wort des Mannes — ich soll frölich sein? — Ha Spott! — der soll euch theuer werden! fürchterlich theuer!

Marie. (erschrocken) Mein Gott!

Major. (hastig.) Das ist ihrer Schwester Bild, liebe Marie?

Marie. Ja.

Major. Es gleicht herrlich! hat es nicht Herr Ruhberg gemalt?

Marie. Ja, da wir auf dem Lande waren.

Major. Aha! jetzt sagen Sie mir — und nun will ich sehen, wie Sie bestehen werden — nicht wahr, Herr Ruhberg hat Ihnen die Dose gegeben? Nicht wahr, Kleine?

Marie. Ja, denn ich bat ihn darum!

Major. Natürlich! natürlich! natürlich! (auf einmal in strengen Ernst ausbrechend.) Marie! — Sind Sie zu dem Stück gemißbraucht oder gebraucht?

Marie. Ach Gott! was mißfällt Ihnen denn so sehr?

Major. (wüthend verbissen) Die Dose, Kind! Die Dose! — Sie mißfällt mir fürchterlich!

Marie. (traurig.) Ach, ich hatte keine bessere!

Major. (zwischen Bitterkeit und Thränen.) So viel Unschuld im Ton und Blick — ein Ton, der so

grade ans Herz greift — und sie betrügt doch! —
Geh, mein Kind, sage denen, die dich schickten, Major Randau sey wenigstens einer höflichern Wendung werth gewesen, als dieser abgenutzten Posse! (geht ab.)
Marie. (die ihm lange nachgesehen, trocknet sich die Augen.) Ach — ich gab sie ihm so gern!

Eilfter Auftritt.
Marie. Wilhelm.

Wilhelm. (in Stiefeln und Ueberrock.) Was giebt es, Marie? — was fehlt dir? —

Marie. Ach — es geht mir immer so! —

Wilhelm. Sprich, gutes Mädchen — ich bin bekümmert, wenn du traurig bist — du mußt frohe Tage haben, denn du bist ein gutes Kind!

Marie. Sieh nur — ich gab dem Major eine Dose — so eine gewöhnliche Dose; und da war sie ihm nicht gut genug.

Wilhelm. Du irrst — das kann nicht —

Marie. Freilich habe ich recht. — „Ich wäre wohl einer höflichern Wendung werth gewesen!" sagte er.

Wilhelm. Grille! — laß das seyn.

Marie. (betrübt) Wenn ich so etwas thue, wozu ich vor Liebe weinen möchte, so freuet sich Niemand. (weint.) Es bekümmert sich Niemand um mich —

Wilhelm.

Wilhelm. (umarmt Sie) Doch! — Ich habe
dich recht lieb! (er sieht traurig weg) Recht lieb!
(zu ihr, sanft) Denke daran! sey gut! — (umarmt
sie) Denke an mich!

Marie. (zärtlich) Wie könnte ich dich vergessen
— (naiv) und dann sehe ich dich ja auch im; er!

Wilhelm. Du hast recht! (küßt sie) Ruhberg
kommt, laß uns allein!

Marie. (geht ab.)

Zwölfter Auftritt.

Ruhberg. Wilhelm.

Ruhberg. Ich vermuthete deinen Vater hier —

Wilhelm. Ich habe dich auf deinem Zimmer
nicht gefunden — wo warst du?

Ruhberg. Lieber Wilhelm — dein Vater gab
mir Aussicht, durch L. rien einst sein Sohn zu hei/
ßen — —

Wilhelm. (entzückt) Ruhberg!!

Ruhberg. Ich habe andre Gelübde! — laß
uns nicht forschen, warum die Dinge so geordnet sind,
daß ich vor diesem Wunsche umkehren muß! Erge/
bung und Pflicht — das ist mein Weg!

Wilhelm. (niedergeschlagen) Du betrübst mich.
Ich dachte mir die Zukunft, und freute mich darauf,
unter euch Beiden, wenn ich dann einst wiederkäme

F

— von den Stürmen des Lebens vertraulich zu sprechen!

Ruhberg. Sage deinem Vater — weswegen ich ihn hier aufsuchte — daß ich auf sein Landgütchen zu gehen wünsche. Die hiesigen Geschäfte verrichte ich dort. Marie und ich sind getrennt — der Eindruck verliert sich — und — du wirst doch über die Stürme des Lebens vertraulich mit mir reden.

Wilhelm. Wir wären uns verwandt gewesen —

Ruhberg. Unmöglich mehr als wir es sind! Ich liebe dich so wahr — wir sind uns gegeben, um nie getrennt zu werden!

Wilhelm. In die Welt! — zurück! dann nie mehr getrennt!

Ruhberg. In die Welt? — wenn du denn nun diesen heißen Durst gestillt hast — um wie viel wird dir besser seyn? überall dasselbe. — Leidenschaften; Eigenliebe und Frohndienste für Posse und Eitelkeit! — Wenig Bösewichter; fast noch weniger Tugendhafte — viel Schwächlinge. Der nützlichere Mensch — überall der glücklichere im innern Werth! Befriedigung — Ruhe? — Nur im Zirkel stiller Haustugend!

Wilhelm. Aber wie soll ich hier, wo —

Ruhberg. Du suchst — und es ist vor dir.

Wilhelm. (leidenschaftlich) Erfahrung nur lehrt
ächte Weisheit!

Ruhberg. Die Erfahrung deiner Freunde ist dir
ein offener Schatz. Gebrauch ihn.

Wilhelm. Weltübung — eigne Erfahrung —
ohne diese bin ich ein todtes Buch! Ruhberg! Zürne
nicht. Ach — es ist stärker als ich. Mannichmal
dünkt es mich — von fernen Bergen her riefe mich
mein Schicksal. Sieh, es ist sonderbar — der Ton
des Posthorns ist für Tausende ein kalter, widriger
Schall; für mich ist er Melodie die mich ergreift.
Bei diesen Tönen wallt mein Blut; schallen sie aus
der Ferne herüber, so malen sie mir die Dinge, deren
Genuß ich hier vertraure, daß härmende Sehnsucht
mich verzehrt!

Ruhberg. Höre diesen Ton in fernen Landen —
wo Denkmale fremder Größe dir nicht auch deine
Jugendgeschichte sagen — nur ein langes, trauriges
—: sie waren! höre ihn da, und er wird dein
Herz mit Heimweh ergreifen!

Wilhelm. (warm) Dann eile ich zurück! Ruhberg! — wenn ich so auf einmal wieder unter euch
trete? — (schwärmerisch) Wenn ich so in deiner Arbeit dich beschleichen werde — dich umarme! (er küßt
ihn) und — — deine Freude! Es wird ein herrlicher Augenblick seyn, nicht wahr? (gezwungen heiter)
Laß uns nicht mehr davon sprechen. (er küßt ihn.)

Es stimmt uns zu traurig. — Nachmittag — (unruhig) Nachmittag laß uns davon reden. (nimmt seine Hand, und b's dahin — (sein Ton wankt) denke billig von mir! (geht.)

Ruhberg. Wilhelm!

Wilhelm. (kommt mit gezwungener Heiterkeit halb zurück.)

Ruhberg. Du gehst doch wohl gut mit mir um?

Wilhelm. (die Sprache versagt ihm) Wie so?

Ruhberg. Du hast mich geküßt? — Der Abschiedskuß war das nicht? —

Wilhelm. (fällt ihm um dem Hals) Er ist es!

Ruhberg. O Gott!

Wilhelm. Ich muß — ich muß!

Ruhberg. (steht betäubt) Mußt du?

Wilhelm. (entschlossen, doch mit gedämpfter Stimme). Ja!

Ruhberg. An deiner Schwester Verlobungstage?

Wilhelm. Große Freude helfe meinem Vater geringen Kummer überstehen!

Ruhberg. Geringen Kummer? — Wilhelm — was wissen wir, wie Väter fühlen!

Wilhelm. Trennung von denen, die wir lieben, um Weisheit, ist eine männliche That!

Ruhberg. Ohne Abschied — ohne Segen! — Wenn er krank würde? — er kann sterben!

Wilhelm. (halblaut) Du denkst —

Ruhberg. Ach es ist schrecklich, wenn ein Vater aus Gram über sein Kind stirbt!

Wilhelm. Ruhberg!

Ruhberg. Es läßt ein Gefühl zurück, das niemals veraltet; bei Arbeit und Freude — am Grabe und in des Freundes Arm — überall nagt dieser Wurm, und das Erbarmen flieht ein Herz, das der Tod des Vaters war! (er stützt sich entkräftet auf eine Stuhllehne) — Du schweigst? — Entsetzliches Schweigen! (rafft sich auf) Also du reisest? — (geht drei, vier Schritte, bleibt dann vor ihm stehen) Scheidest? — (sanft) Mitten aus des alten Vaters Hausfreuden?

Wilhelm. Um nicht an neuen Beweisen seiner Liebe zum Verräther — —

Ruhberg. Um nicht gerührt zu werden?

Wilhelm. Du siehst, daß diese Leidenschaft mir wüthend zusetzt!

Ruhberg. Ohne Plan — ohne Bestimmung? — So ein guter Vater, und sein Auge sieht dich nicht scheiden — ohne Segen! — Nun so geh! — taumle unter Menschen, die allen Seelengehalt verschwelgt haben — staune Päläste an — zieh über Berge und Thäler — du findest keinen Frieden! — Wilhelm, die Schönheit der Natur lächelt nicht für

F 3

den, den Seufzer verfolgen — mit dem nicht der
Segen des Vaters geht!

Wilhelm. Höre auf — — Um Gottes willen! —

Ruhberg. Weide dich an Monarchenpracht —
durchreise die Indien — genieße sie ganz, diese
prächtige Welt! — Ach, wie oft wirst du dich dahin zurücksehnen, wo ein SpazIergang mit Vater
und Schwestern dich eine Reise um die Welt dünkte
— wo du mit schuldlosem Auge den Aether durch-
schauen und in den Abendgesang der Vögel beten
konntest! — O Wilhelm! laß mich dein Gewissen
retten! entfliehe Seligkeiten nicht, die dich erwarten!

Wilhelm. (auf- und niedergehend) Du hast mein
Herz zerrissen! aber — (starr vor sich hin) wenn ich
auch nun noch wollte — (fährt heftig auf) Ich muß
fort!

Ruhberg. Warum?

Wilhelm. (mit gesenktem Blick.) Ich — Ich —
(nimmt seine Hand, ohne ihn anzusehen.) Verachte mich
nicht. Ich hielt meine Reise — — ich fühlte das
Strafbare nicht — (im höchsten Schmerz.) Ach! —

Ruhberg. Sprich aus!

Wilhelm. (bedeckt sich das Gesicht.) Ich war
ohne Geld. - (Er hatte die Hand zuvor schon in der
Westentasche — hier zieht er zögernd die zwei Geldrollen
heraus) und — da —

Ruhberg. Gieb es zurück! — —

Wilhelm. Wie kann ich — —

Ruhberg. Gieb es zurück! um Gottes willen, gieb es zurück! Bleib! gieb es zurück!

Wilhelm. (in Verzweiflung.) Du räthst mir meine Schande!

Ruhberg. Ich umfasse deine Knie — ich drücke sie fest gegen mein Herz — gieb mir Ruhe, meine Lebensfreude noch einmal! — Im Tode noch will ich dich segnen — — Wilhelm — ich will mich ganz ändern, ich will froh sein, ich will nur für dich leben! — Ich will — sieh — o sieh! — (springt auf.) Es ist mehr als ich — was aus mir spricht! Als dein Geschenk will ich es ewig ehren — gieb das Geld zurück, und laß es mein Werk sein, daß dein Leben ohne eine Sünde ist, die den Vater mordet! !

Wilhelm. (giebt ihm zwei Rollen Geld.) Da!

Ruhberg. (erstaunt.) Wilhelm!

Wilhelm. (reicht es ihm abgewandt, und sagt wehmüthig.) Verstoß mich nicht!

Ruhberg. O Gott! (umarmt ihn.) Nein, ich verdiene diese Wonne nicht! Ich verdiene die Linderung nicht, welche die Vorsicht in mein Herz gießt!

Wilhelm. (betäubt) Gieb das Geld meinem Vater — nenne ihm mein Vergehen — (weint) und meine Reue. Sag ihm — daß ich — (Thränen ersticken seine Worte) daß ich nie — nie! O schaffe mir seine Vergebung, ich will sie verdienen — und dich segne Gott!

Ruhberg. Wilhelm — es ist ein Gefallener, der dich hebt — ein tief Gefallener! du bist gerettet! — O wenn nur eine Zeile im Buche der Vergeltung dadurch getilgt ist — wie reich — wie selig bin ich! — Itzt gieb mir deinen Kuß! (sie umarmen sich.) — Wilhelm — laß uns dem Himmel danken; wir folgten unsrem Herzen — uns lohnt das Gewissen! (Sie gehen Arm in Arm ab.)

Ende des dritten Aufzugs.

Vierter Aufzug.

Erster Auftritt.

Ein Handlungsdiener.

(Geht anf das Kabinet zu; da er es öfnen will, kommt Walfing heraus.)

Walfing. Ich habe Sie mit Ungeduld erwartet.

Handlungsdiener. Ich ward aufgehalten.

Walfing. Haben Sie mir gute Waare ausgesucht?

Handlungsdiener. Hier. (Er giebt ihm ein Kästchen.)

Walfing (öfnet das Kästchen und besieht die Steine.) Die Ringe sind schön! —

Handlungsdiener. Zumal dieser —

Walfing. (der ihn als Kenner betrachtet.) Recht — die Steine sind hoch, und von schönem Wasser. — Allein er ist zu kostbar. Ich sehe es immer ungern, wenn die Braut- und Bräutigamsgeschenke von Hand zu Hand wandern, die Mütter und die Töchter hoch aufsehen, und des Bewunderns kein Ende ist. (Er hat unterdessen mehrere angesehen.) Die Eitelkeit windet so manchem jungen Paare die Summe aus den Händen, von der sie ihr Bestehen haben sollen, und

F 5

untergräbt häusliche Glückseligkeit — — dieser ist
gut — sehr gut!

Handlungsdiener. Den werden Sie für 30 Rthlr.
mehr, als sie ungefähr bestimmten, bekommen.

Walsing. (besieht ihn noch einmal.) Ja, dieser
muß es sein — ich habe Ursache zur Ausnahme. Der
Major muß in dem Werthe sehen, daß ich ihn schätze
und liebe. Ich behalte ihn; schließen Sie den Han-
del. Aaron Herz kann es von dem Posten zurückbe-
halten, der für die letzten Waaren fällig ist.

Handlungsdiener. Sehr wohl. (geht unschlüssig,
und bleibt an der Thüre stehen.)

Walsing. Machen Sie das so.

Handlungsdiener. Herr Walsing!

Walsing. Nun?

Handlungsdiener. Ich sagte Aaron Herz, daß
der Ertrag der letzten Waaren, die er von uns empfing gegen den Ring —

Walsing. War er das etwa nicht zufrieden?

Handlungsdiener. Ja. Nur — der junge Herr
Walsing, hat vor drei Tagen die Summe von ihm
eingefordert. — —

Walsing. Die — — ja — ganz Recht! — Ich
trug ihm das auf — — wegen — hm! — wie mir
die Heirath schon den Kopf verrückt! — weise eine
Summe an, die ich schon empfing — die — die ich
gar mit mir herum trage! (zeigt ihm die Rollen.)

Handlungsdiener. Ich will also nun —

Walfing. Nehmen Sie es von dem Gelde, das zum Bauen bestimmt war. Dieses hier — hat eine andre Bestimmung — — und bauen — wollen wir ein andres Jahr.

Handlungsdiener. Ich will sogleich alles einrichten.

Walfing. Thun Sie das. — Noch eins! Geben Sie doch ja recht Acht während der Unruhen im Hause. Ich bin Vater — zu sehr bei dem wichtigen Schritt interessirt. Sie sahen so eben, wie zerstreut ich bin.

Handlungsdiener. Ich will meine Aufmerksamkeit verdoppeln. (er geht ab.)

Zweiter Auftritt.

Walfing. Also mein Geburtstag? zum frühen Morgen Thränen um ein Kind, und itzt Schaamröthe um das andere! — — Er bereuet von Herzen, sagt Ruhberg — so will ich mir ihn auf ewig zum Freunde machen! Ich will —

Drittter Auftritt.
Walfing. Wilhelm.

Wilhelm. (fast zitternd.) Sie haben —

Walfing. Ja, ja. Ich habe dich gewollt; gut, daß du kommst.

Wilhelm. Sind Sie heiter?

Walsing. Ja, mein Sohn.

Wilhelm. Wohl dem, der Ihnen Freude machte!

Walsing. Ein Freund, den ich für verloren hielt — kehrt heute auf ewig zu mir zurück.

Wilhelm. (rührend.) Ach — der Wiederkehrende —

Walsing. Sucht offene Arme — er findet sie.

Wilhelm. (stürzt in seines Vaters offne Arme.)

Walsing. (nach einer Pause.) Mir ist eine Summe zugefallen — die ich in jedem Betracht für gewonnen halte.

Wilhelm. O Gott! (bei Seite.)

Walsing. Ich sammle nur für euch, daher will ich auch nichts ohne euer Wissen verwenden.

Wilhelm. Sie müssen mich hassen — ach, ich sah es voraus! —

Walsing. Heftiger Mensch — für dich will ich es verwenden. Du sollst die Welt sehen. Wir wollen zusammen eine Reise machen. Marie wird uns begleiten.

Wilhelm. Vater — Sie demüthigen mich tiefer, als —

Walsing. Ich habe auf der Reise Gelegenheit, neue Verbindungen für unsre Handlung zu schließen; und alle hiesige Angelegenheiten versieht Herr Ruhberg. (ihm auf die Schulter klopfend, mit zärtlichem

Tone.) Dies alles ist sein Gedanke, und dazu hat er sich erboten, damit du die Welt siehst!

Wilhelm. Ich kann es nicht länger aushalten — diesen sanften Ton, ihren gütigen Blick — ihr Herz! — Ich verabscheue mich!

Walsing. (reicht ihm die Hand.) Mein Sohn!

Wilhelm. Nicht einmal die Rückkehr ist mein — ich war hart — alles Verdienst gehört Ruhberg! Ich bin nicht umgekehrt, bis er mir — was für ein Herz sprach aus ihm! — Vater, Ihren Tod mußte er mir nennen — ehe mein Herz brach. — Sie können mir nicht vergeben!

Walsing. (mit Wehmuth.) Wilhelm!

Wilhelm. Erröthen müssen vor dem, dem ich das Leben verdanke — o das ist hart!

Walsing. Höre mich an. Daß ich ersparte, setzt mich in den Stand, deinen Wunsch zu erfüllen; daß ich meiner Gesundheit schonte, erlaubt mir nun, meinen einzigen Sohn selbst in die Welt zu führen.

Wilhelm. Verachten Sie meine Reue nicht — Gott weiß es, sie ist so herzlich!

Walsing. (mit der größten Herzlichkeit.) Ich vergebe dir, wie Karolinen, weil ich dich liebe, wie Karolinen.

Wilhelm. Nein — nein, es ist nicht möglich! kein Vater würde je gekränkt, wenn Kinder fähig wären zu begreifen, wie Väter fühlen! (Er umarmt ihn, hört jemand kommen und geht ab.)

Vierter Auftritt.

Walsing. Karoline. Major. Marie.

Walsing. Sie sollen nicht ausweichen. — Kommen Sie! hier war ein herzliches Gespräch unter Vater und Sohn — es endigte mit rothen Augen.

Major. Thränen sind mir nicht fremd — und izt — wo meine Seele so sehr ergriffen ist —

Walsing. Was ist die Ursache?

Karoline. Seine Seelenkrankheit —

Major. So nachsichtig nennt Karoline eine Stimmung — deren ich — vor einem Manne wie Sie — —

Walsing. Ha! Sie erwähnen meiner Sorge. Gewiß, lieber Sohn, bei dem Empfindsamen, oder einem Stubensiechen, hätte ich diesen Fehler eher vorausgesetzt, als bei dem tapfern Major Randau.

Major. Hintergangen — aufgeopfert, lange Einsamkeit, gehäufte Wahrscheinlichkeiten dazu! Ach — ich habe mich Karolinen ganz bekannt, und sie —

Karoline. Mein armer Karl verdient Nachsicht!

Walsing. Sie sehen — gegen sie — haben Sie nicht gefehlt.

Major. Meine Karoline ist ein seltenes Mädchen!

Walfing. Also sind Sie geheilt?

Marie. (halb laut.) Auf wie lange? —

Major. (nach einigem Schweigen.) Ich möchte über mich seufzen — — so beschämt — — aber wenn Sie wüßten, wie der Anschein — — Warnungen meiner Freunde — — Spott Anderer — Spott? — Kein Mann von Ehre verschmerzt Spott! aber —

Walfing. Offenbare Schmähsucht darf er ver= achten.

Major. Ehre ist die Seele unseres Standes. Ich darf auch nicht einmal ihre Außenseite verletzen lassen! —

Walfing. Das *Point d'honneur!* Ja, ja — das *Point d'honneur!* — Sieh, Karoline, darum gab ich meinen Segen mit Thränen!

Major. Ich verstehe. — Sie besorgen, mehr Vaterangst als Liebe um mich zu haben? Aber wie gewissenhaft ich meine Karoline liebe, wie ich als Mann und Sohn so viel mehr seyn werde, als ich gelobe —

Walfing. Dafür bürgt Ihr Herz! Und somit, lieber Sohn, wünsche ich Ihnen denn, zu unser Al= ler Heil, etwas mehr Selbstvertrauen. — Karoline, Rückfälle — scheinen hier leider! unvermeidlich; nur betrage dich so, daß du fordern darfst der Humor zunehmender Jahre möge nicht in Tyrannei ausarten.

Major. Ich will mein Gewiſſen bewähren, beſter Vater!

Walſing. Was hat Sie denn für jetzt umgeſtimmt?

Major. Der Gegenſtand meiner Unruhe — Ruhberg ſelbſt.

Walſing. Für den hätte ich bürgen wollen.

Major. Die Unterredung mit ihm, hat mein Innerſtes erſchüttert! — — Von ſeiner Geſchichte hab' ich nur einen Theil gehört: den, wie er ſeine Sophie kennen lernte, und dann hier ins Haus kam. — Ruhig fing er an zu erzählen — aber ſchwacher, zitternder Athem unterbrach ihn — ſein Geſicht ward allmählich ein Gemälde des tiefſten Kummers — große Thränen rollten einzeln die Wange herab — Mir ward die Bruſt enge!

Walſing. Armer Mann!

Major. Er drückte das Bild ſeiner Sophie an den Mund — umarmte mich — lächelte, ſchien ruhig. Lange ſprachen wir beide nichts — endlich ſeufzte er tief — ein Strom von Thränen ſchoß auf das Gemälde hin — er faßte meine Hände — fiel mir um den Hals — drückte mich an ſich, und ich weinte mit ihm. — Er trocknete die Augen — las mir ihre Briefe laut vor — verſtummte, oder ſprach abgebrochene Worte — ſah ſtarr auf mich hin — bis er ſich

zuletzt

zuletzt an meine Brust warf und mit einem fürchter-
lichen Tone rief: „ich darf nichts mehr lesen, das
„von ihr ist!"

Walsing. (gerührt) Armer Ruhberg! (zu Marien, die auch weint) Laß nur, Kleine, es wird schon
werden! — Sie haben die Briefe doch nicht gefor-
dert? (Der Major sieht vor sich nieder) Von einem
so edlen Manne — ein so edler Mann '.. nicht einmal Wort annehmen? — Sie sind hart krank! —
Wie verließen Sie ihn?

Major. Still — sanft — ermattet — sandte
er mir einen Blick nach, der ein Gebet um Auflösung
von mir zu wünschen schien. Ich war betäubt. Ich
wollte zu Karolinen, aber ich mußte erst einigemale
im Garten auf und niedergehen. Dann eilte ich zu
Karolinen, bat Sie um Vergebung — die gute Marie gab mir Ihre Liebe wieder, und —

Fünfter Auftritt.
Ruhberg.   Die Vorigen.

Ruhberg. Ach — da ist sie ja fast ganz beisam-
men, die liebe Familie!

Walsing. Nie ganz, wenn mein Sohn Ruhberg fehlt!

Major. (umarmt ihn) Mein Bruder!

Karoline. Von meinem Randau unzertrennlich!

Marie. (die ihn etwas bei Seite nimmt) Ach, ich bin so unschuldig an dem Kummer den Sie hatten — —

Walsing. Der Major hat Ihnen Unrecht gethan — allein er bereuet es.

Major. Herzlich — herzlich!

Walsing. Thun Sie nie wieder einem redlichen Manne, oder ihrem guten Weibe etwas zu nahe. Damit ein Andenken Sie an diese Bitte erinnere, wenn ich selbst es nicht mehr kann — so nehmen Sie den Ring — tragen Sie ihn täglich; und sollten sie einst meiner Karoline weh gethan haben — dann dünke Sie dieser Ring eine Fassung von Vaterthränen — gedenken Sie meiner — Ihr Gewissen spreche, und heiße Sie gut machen!

Major. Ich will männlich handeln, bester Vater! (Er und Karoline umarmen den Vater. Karoline hält Randaus Hand. Sie besehen den Ring.)

Marie. Ich war recht betrübt, Ihrentwegen —

Ruhberg Gutes Kind!

Marie. Weil ich den Anlaß gegeben habe.

Ruhberg. Der Zufall —

Marie. Wenn Sie nur keinen Groll auf mich behalten?

Ruhberg. Wie könnte ich ihn nur gehabt haben?

Marie. Darf ich mich darauf verlassen?

Ruhberg. So wahr ich Ihr gutes Herz schätze.

Marie. Ach, nun bin ich recht vergnügt!

Walfing. Nun, liebe Karoline, will ich dein Glück nicht länger verschieben! — —

Sechster Auftritt.

Wilhelm. Die Vorigen. Hernach
Ein Bedienter.

Wilhelm. (kommt hastig — sagt seinem Vater etwas ins Ohr.)

Walfing. (verändert das Gesicht und geht ab. Wilhelm folgt ihm. Die Uebrigen sehen sich eine Weile an, und die verschiedene Erwartung eines jeden bezeichnet sich darin: Karoline geheimnißvoll; Marie frölich; Der Major besorgt; Ruhberg ohne Erwartung, still und traurig.)

Major. Mich dünkt — ich hätte deinen Vater sehr verändert gesehen, als er uns verließ? — Wenn nur —

Karoline. Es konnte unmöglich etwas Unangenehmes seyn.

Ruhberg. Gewiß nicht. Er verbirgt uns nichts.

Ein Bedienter. (ruft Karolinen. Marie schleicht ihr nach.)

Siebenter Auftritt.

Der Major. Ruhberg.

Ruhberg. Herr Major — nur Ihre Ruhe konnte mir mein Geheimniß entreißen —

Major. Es geht mit mir zu Grabe.

Ruhberg. Mein Kummer hat nicht einmal einen Vertrauten. Ewig liebe ich sie, darf sie nie besitzen — sehe sie auch nie wieder!

Achter Auftritt.

Karoline. Marie. Die Vorigen.

Karoline. Denken Sie — lieber Ruhberg — meine Tante ist gekommen — meines Vaters Schwester!

Major. So?

Ruhberg. Alles vereinigt sich, den Tag für dieses Haus angenehm und feierlich zu machen. Ihr lieber Vater —?

Karoline. Die plötzliche Freude hat ihn erschreckt — — mich auch — mein Vater ist außer sich.

Major. Wir wollen alle zu ihm gehen.

Karoline. Nein; er kommt hieher — er will sich nur erst erholen.

Ruhberg. Plötzliche Freude wirkt wie der Schreck!

Karoline. Ich glaub' es. — (rasch) Sind Sie
wohl schon vor Freuden krank geworden, Herr Ruhberg?

Ruhberg. (seufzend) Solche Freude kehrte nie
bei mir ein!

Karoline. Wie ich meinen Vater da draußen
sah — vor Freuden starr — so dachte ich — — verzeihen Sie mir, daß ich es sage — — wie Ihnen
seyn würde, wenn Sie einmal so eine plötzliche
Freude hätten — bey Ihrer Lebhaftigkeit des Gefühls — — wenn Sie Ihre Mutter sähen!

Ruhberg. (traurig) Ach Gott!

Marie. Was würden Sie wohl sagen, wenn
einst die liebe Frau käme?

Karoline. Es ist nicht unmöglich! Mütterliche
Sehnsucht achtet keiner Beschwerden.

Marie. Ich denke sie mir fast wie die Tante —

Karoline. Ungefähr! — Sie ist nicht groß —?

Ruhberg. (betroffen) Nein — —

Marie. Eine sehr sanfte Stimme!

Ruhberg. (starr) Marie!

Karoline. (feierlich auf ihn zu) Mein lieber Ruhberg — plötzliche Freude — wirkt wie der Schreck!

Ruhberg. Ist — nein! (ihre Hand in die seinige ringend) Karoline — Karoline — Karoline!

Neunter Auftritt.

Walsing, Madam Ruhberg, Wilhelm, sind bei dem Worte Ist — nein — leise hereingekommen; sie stehen schräg hinter Madam Ruhberg, deren Hände sie gefaßt haben.

Die Vorigen.

Mad. Ruhberg. (zitternd) Eduard!

Ruhberg. (fährt zusammen) Gott!

Mad. Ruhberg. (wankt näher) Mein Eduard!

Ruhberg. (läuft zu ihr) Ach Mutter! (Sie fallen sich in die Arme) Meine Mutter! (Pause).

Mad. Ruhberg. (sich aufrichtend, leise aber mit innigem, schnellem Athem) Eduard! (Sie drückt ihn in ihre Arme) Bist du es? (sie drückt ihn fest an sich) Seh ich dich noch wieder?

Ruhberg. (leise aber heftig) Meine gute Mutter!

Mad. Ruhberg. (ihn erhebend, sanft) Noch derselbe Eduard?

Ruhberg. (laut, mit heftiger Zärtlichkeit) Ewig! — (Sie gehen vor) Ach! ach! — (er weint) Es kehrt zurück — alles — meine Kindheit — glückliche Jugend — O Mutter! Mutter! — (Er umfaßt sie fest.)

Mad. Ruhberg. Herr Walsing! (Sie wendet sich nach ihm.)

Ruhberg. Nehmen Sie Ihre Hand nicht von mir — Kindheit und Unschuld kehren in mir zurück! Kraft und Frölichkeit ist mir gegeben, da meine gute Mutter — ach, ach! nun will ich leben und arbeiten, für meine Mutter, für ihre Freuden. Herr Walsing! nun will ich — — liebe Mutter — — da! das ist er! mein Erretter, mein Wohlthäter!

Mad. Ruhberg. Theurer Mann — der meinen Sohn —

Walsing. Was für einen Sohn haben Sie!

Ruhberg. Das ist seine Karoline — sehen Sie hier ihren künftigen Mann — — da die gute Marie — das Bild meiner sorgsamen Schwester — — was macht meine Louise? Gedenkt sie meiner? — Lieber Walsing — geben Sie jetzt alle Ihre Liebe meiner Mutter — Lassen Sie mir nur ein Lächeln des Wohlwollens übrig — alles ihr! — O meine Mutter! Ich habe Sie wieder! Ihr Arm umschlingt mich! (er kniet) Ich bin wieder sicher und froh, wie in den glücklichen Jahren meiner Kindheit!

Mad. Ruhberg. Ach Herr Walsing — er ist noch wie er war!

Walsing. Mehr als er war!

Ruhberg. Unmuth, Krankheit, Thränen, Alles soll Ihr Anblick verscheuchen! — Nicht Kummer, nicht Elend kann mich beugen, da ich diesen Ton wieder höre — diese Hand an meinen Mund

drücke. Noch einmal sprechen Sie meinen Namen
— dieser mütterliche Ton besänftigt mein Blut, lin-
dert den Kummer, ich fühle nur für jetzt — ich
höre nur: Eduard, lebe für deine Mutter!
— und Vergessenheit deckt das Vergangene!

Mad. Ruhberg. Ach, mein Eduard! — —
Sie waren ihm Vater, gütiger Mann! — Liebe,
junge Frauenzimmer, Sie liebten ihn als Bruder!
— Ach, sehen Sie — er ist dankbar — er ist
gewiß recht dankbar!

Ruhberg. Mein Vater! (indem er Walfing
umarmt.)

Mad. Ruhberg. Zum Dank, kann ich für Sie
nur beten. Das that ich oft, und für Sie alle. Sie,
Herr Walfing, können es wissen, wie heiß das Gebet einer Mutter ist! — Sie — mein Wohlthäter
in meinem Kinde! Was Sie auch einst von Ihren
Kindern scheidet — der Segen dieser That wird immer mit Ihnen seyn! Freunde, Hülfe und guter
Muth, dies alles wird da vor ihnen erscheinen, wo
sie keinen Ausweg mehr wissen. Sie werden gerührt
des Vaters gedenken; Ihre Enkel werden handeln
wie Sie — der Name Walfing wird ein Ziel des
Segens bleiben, und eine Zuflucht der Unglücklichen!

Walfing. Madam — Madam! Sie lohnen mich reich!

Mad. Ruhberg. Ich bin der Freude abgestorben — aber dem Feste dieser guten Familie soll alle Jahre unter uns der Tag besonders geheiligt seyn, wo Du gerettet bist, mein Eduard! (Sie umarmt ihn.)

(Walfing winkt dem Major; er selbst geht mit Marien leise ab. Dann folgen Karoline und Wilhelm. Der Major trocknet sich die Augen und geht auch ab.)

Ende des vierten Aufzugs.

Fünfter Aufzug.

(Das vorige Zimmer.)

Erster Auftritt.

Madame Ruhberg. Ruhberg.

(Beide sitzen. Er hat ihre Hand in der seinigen, und sieht starr vor sich hin. Nach einer kleinen Pause.)

Madame Ruhberg. Laß meine Bitte gelten — erheitre dich! — Sey nicht länger so in dich gekehrt.

Ruhberg. Ich will es nicht länger seyn. (Er sieht seine Mutter an.) Allein —

Madame Ruhberg. Du siehst mich so durchdringend an. — —

Ruhberg. Ich sehe auf einmal so manches, das laut zu meinem Gewissen spricht!

Madame Ruhberg. Quäle dich nicht. Auch wenn alles gut ist, hat Muttersorge ein stilles Sehnen — das doch dem Herzen wohl thut.

Ruhberg. Liebevolles Sorgen — habe ich in Mutterangst verwandelt!

Madame Ruhberg. (bekümmert.) Eduard!

Ruhberg. O, der glücklichen Zeit! wie ich als kleiner Knabe um Ihretwillen fleißiger als andre

war

war — um meine Mutter zu erfreuen, gesitteter als
andre Knaben war, und dann — in lauter, heller
Frölichkeit auf Sie zulief, mich fest an Ihre Seite
schmiegte, nun Ihren Arm um meinen lockigen Nak-
ken fühlte, ihr Auge mit Mutter Innigkeit auf mir
haften sah — Ihren Arm nicht lassen konnte — und
meiner Mutter einst so reich zu lohnen dachte! O liebe
Mutter, da war ich gut — recht gut — wär' ich doch
damals von der Welt genommen! der vermeßne Knabe
hat nicht Wort gehalten!

Madame Ruhberg. Noch derselbe Eduard!
Die Welt hat mir nichts genommen — und so hast
du mir Wort gehalten.

Ruhberg. Aber —

Madame Ruhberg. Um mehr oder minder Gemächlichkeiten —

Ruhberg. Nur um Gemächlichkeiten hätte ich
sie gebracht?

Madame Ruhberg. Wir wollen thätig sein;
mit andern leiden, wo wir können, uns und ande-
ren Freude geben — so das Vergangene gut machen,
so viel wir es vermögen.

Ruhberg. So viel ich es vermag!

Madame Ruhberg. Mein Sohn wird mir noch
gute Stunden geben; ja — das wird er!

Ruhberg. O, das ist ein erhabner Gedanke! —

Madame Ruhberg. Als deine große Schuldnerinn werde ich aus der Welt gehen, mein Sohn —

Ruhberg. Kann ich diese tiefen Züge ausglei-
chen? — Nein, nein! das kann ich nicht! Die
fodern von mir — — —

Madame Ruhberg. Fordern Freuden von dir —

Ruhberg. Fordern Glück, Jahre, Gatten!
Mein Vater — — Sie sagen nichts von ihm! (innig
betrübt) O — das! da —

Madame Ruhberg. Dein Vater! — (Sie
hält etwas ein.) Laß ihn ganz vor deiner Seele stehen, den sanften Dulder! — Wir wollen seiner gedenken — zur Tugend uns zu erheben — durch Tugend zu bereuen — durch Reue zu versöhnen! — Ich
will mit dir von deinem Vater reden; aber — (sanft)
nicht itzt. (die Hand auf seine Schulter.) Itzt nicht!

Ruhberg. Ach!

Md. Ruhberg. Es war ein heiliger Augenblick, in
dem er sprach: „Es muß ihm noch gut gehn!‟

Ruhberg. O Gott!

Madame Ruhberg. „Und dir durch ihn!‟ —
Sohn — dem Vergangenen haben wir Thränen ge-
weint. Wo uns die Vorsicht Freude dämmern läßt —
da ist es Pflicht, willig zu Freuden hinüber zu gehen.

Ruhberg. Verkennen Sie mein Herz nicht, gute
Mutter!

Madame Ruhberg. Ich habe Hofnungen für dich — Das Leben eilt — laß auch deine Mutter eilen, zu ihren Hofnungen zu gelangen.

Ruhberg. Ach wie will ich jede Kraft aufbieten, sie zu erfüllen!

Madame Ruhberg. Nichts hat mir öfter eine sanfte Stunde gegeben, als der Gedanke: wie ich dich nun bald als glücklichen Gatten umarmen werde!

Ruhberg. (schwermüthig.) Ein angenehmer Traum!

Madame Ruhberg. (geheimnißvoll.) Ein Traum? —

Ruhberg. (schnell.) Ein Traum!!

Madame Ruhberg. Es könnte ja — wer weiß — noch anders werden?

Ruhberg. (heftiger.) Ein Traum! Ein schreklich schöner Traum! (gemäßigter) Ich bin Sohn! (er drückt ihre Hand an sich Hier enden meine Pflichten. Ich bin selig in ihrem Genuß! — Gute Mutter — Kindespflicht ist eine süße Pflicht — und Dankbarkeit ist süß. — Gewähren Sie mir eine Bitte!

Madame Ruhberg. Mein Sohn —

Ruhberg. Ich wollte längst — gewähren Sie mir einen Augenblick Entfernung — nur einen Augenblick. Gleich bin ich wieder hier. (küßt ihre Hand im Reden, und geht ab.)

Zweiter Auftritt.

Madame Ruhberg. Walfing,
(aus der Mitte kommend.)

Walfing. Wie? Sie sind allein?

Madame Ruhberg. So eben verließ er mich.

Walfing. Warum? wo ist er hin?

Madame Ruhberg. Ich weiß es nicht. Da ich eben anfangen wollte, von ihr zu reden, bat er mich um einen Augenblick Entfernung.

Walfing. Wir können das Fräulein nicht länger unten zurückhalten; deshalb komme ich, und erstaune, daß Sie ihm noch nicht entdeckt haben, daß sie hier ist.

Madame Ruhberg. Seine Gesundheit — die heftige Erschütterung vorher — — mir ist so bange —

Walfing. Vorsicht ist nöthig; doch —

Dritter Auftritt.

Vorige. Wilhelm,
(der durch die Mittelthüre sich im Zimmer umsieht.)

Walfing. Was willst du?

Wilhelm. Das Fräulein will durchaus herauf. Sie weint. Sie glaubt sich nicht geliebt — sie —

Madame Ruhberg. Liebe Seele! — Rathen Sie mir, Herr —

Walſing. (zu Madame Ruhberg.) Wo ging er hin?

Madame Ruhberg. (deutet nach der Seite.) Dort hinaus.

Walſing. Alſo auf ſein Zimmer oder in den Garten. Suche ihn dort. Nur einen Augenblick halt ihn zurück, indeß — ich höre kommen. — Geh!

Wilhelm. (geht dahin ab.)

Vierter Auftritt.

Vorige. Karoline. Sophie. Marie.

Der Major.

Walſing. (Sophien entgegen.) Er iſt noch nicht hier, mein Fräulein.

Madame Ruhberg. (eben ſo.) Liebe Tochter, er weiß es noch nicht.

Sophie. (die haſtig halb ins Zimmer trat, wie gelähmt.) Er iſt nicht hier?

Walſing. Noch durfte man es ihm nicht ſagen.

Sophie. (nachdem ſie jeden angeſehen.) Er weiß es noch nicht?

Madame Ruhberg. So lieb mir ſein Leben iſt, ich konnte es noch nicht wagen —

Sophie. Nicht wagen? — (ängſtlich.) Herr Walſing — Sie ſind unruhig —

Walfing. Daß dieſer ſchöne Augenblick verzögert ſeyn muß.

Sophie. (wehmüthig.) Mußte er es? — Herr Major, ſie ſehen ſtarr vor ſich hin — Karoline ſieht von mir weg? — O laß das vergeſſene Mädchen ihr Geſicht in deinem Buſen verbergen, gute Seele!

Karoline. (umarmt ſie.)

Madame Ruhberg. (liebkoſend) Meine Toch- ter — nein — nein — ſo iſt es nicht!

Sophie. (die Hände ringend.) Ich bin nicht mehr geliebt!!

Madame Ruhberg. Nicht geliebt? — ach, ich berührte nur dieſe Saite —

Sophie. Und er ging! —

Madame Ruhberg. Daß ich ihn noch als glück- lichen Gatten ſehen würde —

Sophie. Da erſchien ihm die Geſtalt der längſt vergeßnen Sophie, und er erſchrack vor dem Gelübde, das ihm ſo theuer war!

Madame Ruhberg. Es iſt ein Traum! ſprach er heftig, und Thränen traten ihm in die Augen! — Ein ſchrecklich ſchöner Traum, rief er noch einmal — O Mädchen, haſt du den Mann vergeſſen, wenn er weint —

Sophie. Kommen Sie, Herr Walfing — wo iſt er? — Komm gute Karoline —

Madame

Mad. Ruhberg. Er suchte sich zu sammlen —
allein es war der Augenblick, wo niemand helfen
kann — er riß sich von mir los —

Sophie. Kommen Sie zu ihm hin.

Walsing. Nicht jetzt, liebes Fräulein.

Sophie. Ich bin hier und er weiß es nicht?
Mein Pflegevater seegnet ihn, und er weint noch!
O lassen sie mich fort!

Walsing. Sie sollen ihn gleich sehen.

Sophie. Der Augenblick ist da — sein Schicksal ist versöhnt — die Liebe ruft ihn wieder in das
Leben — O ihr seyd alle gute Menschen, und zögert
noch, ihn von seinen Leiden zu retten! (sie will
gehen.)

Walsing (hält sie ab) Er kommt.

Sophie. Hieher?

Mad. Ruhberg. Gleich.

Walsing. Mein Sohn holt ihn.

Mad. Ruhberg. ängstlich) Lassen Sie mich ihn
nur etwas vorbereiten, liebe Tochter — (wärmer)
nur etwas! Sehen Sie mich an — mir schlägt das
Herz — ich zittre vor Freude — (sie weint) vor
Angst — und eine Thräne jagt die andre. Ich hab'
ihn wieder — kaum wieder — ach wenn die Freude
. . . . die plötzliche Freude . . . ach wenn er nun
vor Freude stürbe! Liebes Kind, schonen Sie unsern Eduard!

H

Sophie. (aus tiefem Nachsinnen mit einem Seufzer)
Könnte seine Freude — so — so heftig seyn? — Ja,
ach ja! weiß ich denn, ob ich den Augenblick des
Wiedersehens überlebe!

Walsing. Sein Blut ist heftig — Kaum von
dem Entzücken des Wiedersehens seiner Mutter —

Mad. Ruhberg. Ach, es könnte ihm den Tod
bringen!

Sophie. O mein Gott! was soll ich thun? —
soll ich hier weggehen? — ich will es — ich fühle
— es überfällt mich. — —

Major. Ich höre gehen —

Alle. Wie?

Karoline. (An der Thüre) Er ist es!

Sophie. Eduard! mein Eduard!

Walsing. (führt sie ab) Hier in mein Schlaf,
zimmer.

Major. Ja, dahin! (mit den übrigen dahin.)

Mad. Ruhberg. Gott segne diese Stunde.

Fünfter Auftritt.

Madam Ruhberg. Ruhberg.

Mad. Ruhberg. Mein Sohn!

Ruhberg. In noch so trüben Stunden war
etwas — etwas, das mir denn doch wohl mannich,
mal eine Freudenthräne gab. Freilich, nur etwas

ganz Geringes — auch wäre jetzt wohl nicht der Augenblick . . . allein ich that es mit so heißer, heißer
Liebe, daß die Erinnerung mir ein Gefühl von Unschuld giebt, wie in den guten Tagen meiner Kindheit. — Liebe Mutter, verschmähen Sie die Bitte
Ihres armen Kindes nicht!

Mad. Ruhberg. Wenn ich dir auch nicht viel sagen kann — — — du verstehst mich ja doch wohl.

Ruhberg. Erseßen kann ich nie; ich fühle es
nur zu sehr — aber — das, was ich mir durch Ent-
sagung erwarb — den Lohn für meinen Fleiß — was
ich für meine Mutter treulich aufbewahrte —

Mad. Ruhberg. (zärtlich) Mein Sohn! —

Ruhberg. Was mir der Himmel segnete —
weil ich der Mutterangst niemals — niemals vergaß,
womit Sie zu mir sprachen: „Erhalte mir dein Herz!‟
wissen Sie, wie Sie mir Ihres Vaters Bildniß ga-
ben? — — Diese kleine Gabe — — hier ist sie —
(er legt kindlich liebkosend einen genähten Beutel in ihre
Hand) Ach Mutter, theure Mutter (er kniet vor ihr)
ich habe ja nicht besseres. Nehmen Sie es als ein
Angedenken der Stunde, wo wir uns wiedersehen!

Mad. Ruhberg. (mit dem Ausdruck der höchsten
Liebe) Sohn! Sohn!

Ruhberg. Nehmen Sie es als die Erstlinge von
meinem bessern Leben!

Mad. Ruhberg. Nein, so viele Liebe —

H 2

Ruhberg. Verschmähen Sie die Bitte Ihres armen Sohnes nicht!

Mad. Ruhberg. So viel Liebe kann mein Herz allein nicht lohnen. (Sie hebt ihn auf und umarmt ihn) Sophie wird es thun! ja, mein Sohn, Sophie wird noch die deinige!

Ruhberg. Nie! — nie! — was haben Sie gesagt!

Mad. Ruhberg. Sammle dich, mein Sohn!

Ruhberg. Es ist nicht — kann nicht seyn. Ich bin von diesem Himmel ausgeschlossen!

Mad. Ruhberg. (ihn umarmend) Nein — nein! das bist du nicht!

Ruhberg. Sie hat mich vergessen. — Wir müssen uns vergessen!

Mad. Ruhberg. Deine Sophie! — (zeigt ihm ihr Portrait) Diese Sophie!

Ruhberg. Diese — O Gott! ja, diese! — Was machen Sie aus mir? uns trennt die Schande ewig!

Mad. Ruhberg. Komm zu dir — höre mich!.

Ruhberg. Ach, Sie haben herbeigerufen, was ich auf ewig niederkämpfen wollte. — — — Daß mir in diesem schönen Augenblicke doch noch etwas fehlt! (Er wendet sein Gesicht ab, Thränen zu verbergen.) Mein Schmerz ist ein Verbrechen gegen Sie!

Mad. Ruhberg. (öffnet, da er sich wegwendet,) rasch die Thüre.)

Sechster Auftritt.

Sophie. Walsing. Karoline.. Marie. Der Major. Wilhelm. Vorige.

Mad. Ruhberg. (ergreift Sophiens Hand, die herausstürzt, und indem sie zu Ruhberg geht, spricht sie:) Dir fehlt, was ich dir gebe — dein Weib!

Sophie. (halb auf ihn zu) Dein Weib!

Ruhberg. (mit lautem Schrei) Gerechter Gott!

Sophie. Dein Weib!

Ruhberg. Sophie! (Sie fallen einander in die Arme.)

Mad. Ruhberg. In ihr lohnt dir der Himmel für dein Herz!

Alle. (umgeben Ruhberg und Sophie; und die Gruppe drückt Rührung und Entzücken aus.)

Ruhberg. (richtet sich auf und starrt sie an) Ist es —

Sophie. (zärtlich schwärmend) Dich — dich!

Ruhberg. Sophie! Sophie!

Sophie. Dein! durch das Leben und die Ewigkeit!

H 3

Ruhberg. (schlägt die Hände zusammen) Dich —
Dich wieder! An einem — — O meine Mut-
ter! Sophie, und meine Mutter? — Nein, diese
Wonne kann nicht dauern!

Sophie. Meine Mutter, Mutter meines
Gatten! Ihren Segen über uns!

Ruhberg. In aller Kraft, (er führt Sophien zu ihr)
über die, die des Elenden nicht vergaß.

Sophie. Elend? — wäreſt du es geweſen?
O ſo laß mich vertheilen, was ich habe, zum Dank,
daß du es nicht mehr biſt!

Mad. Ruhberg. Lieber Herr Walſing — —
(Sie ſetzt ſich, vor Freude entkräftet.)

Walſing. (umarmt Ruhberg) Den Glückwunſch
Ihres Freundes!

Ruhberg. Meines Vaters!

{ **Karoline.** (legt die Hand auf ſeine Schulter)
Lohn für Leiden!

Marie. (nimmt ſeine Hand.)

Major. (ihn umarmend) Gott erhalte Sie!

(Karoline geht von Eduard zu Mad. Ruhberg. Ma-
rie umarmt Sophien. Der Major küßt ihr die
Hand. Sie und Walſing ſehen auf Ruhberg.
Dieſer iſt heftig erſchüttert, und will es verbergen.)

Sophie. Eduard!

Ruhberg. Ach — ach — du biſt verloren, wenn
ich in dieſer Prüfung unterliege!

Sophie. Deine Rührung iſt nicht freudig —

Ruhberg. Verdiene ich Freude?

Sophie. Du bekümmerſt mich!

Ruhberg. Sophie! (nimmt heftig ihre Hand) Dich verdienen — iſt ſchwer! — ſehr ſchwer!

Sophie. Soll ich vor dieſem Gefühl erblaſſen?

Mad. Ruhberg. (ängſtlich) Mein Sohn!

Ruhberg. Ich bin meiner Sophie derſelbe, der ich ihr war!

Sophie. Der wähnte, daß er mir in eine Wüſte folgen könnte!

Ruhberg. Deſſen Wort für dich Schwur war!

Sophie. Gieb mir dein Wort!

Ruhberg. Ich liebe dich, theure Seele! — Meine Sophie — ich liebe dich! — Glaubſt du meinem Worte?

Sophie. (wehmüthig) Ich glaube Dir. Der Edle ehrt ſein Wort, auch wenn ſein Herz darüber vor Kummer brechen muß.

Major. Noch heute fand ich ihn mit dem Blick des tiefen Leides auf Ihr Bild geheftet. Thränen rollten darauf hin; er ſprach von Ihnen, und fiel in Kummer, der mein Innerſtes erſchütterte.

Wilhelm. Was er that, und wie ers that, ſo ſanft und herzlich — es hatte alles und alles Beziehung auf Liebe und ſeine Mutter!

Karoline. So innig, ſo wahr!

Marie. Daß mir es manche Thräne kostete!

Sophie. O so vergieb!

Ruhberg. (stürzt rasch zu ihren Füßen) Vergieb
mir du! du, deren Leben ich vergiftet habe; vergieb,
daß ich mein Auge bis zu dir erhob; vergieb dem
Mörder deiner Ruhe!

Sophie. Ich komme — ich bringe dir meines
Pflegevaters Segen.

Ruhberg. Laß mich einen Augenblick allein zu
meinem Vater sprechen.

Mad. Ruhberg. Ohne deine Mutter?

Sophie. Ohne mich —

Ruhberg. Für dich!

Sophie. Sollen deine Leiden nicht auch die mei-
nigen seyn?

Ruhberg. (mit sichtbarem Kampf seiner Seele)
Soll mein Gram an deiner Liebe schwelgen?

Sophie. Eduard!

Ruhberg. Sophie — wir stehen vor der letzten
Pforte unsrer Zukunft auf der Welt!

Sophie. Ich bin hindurch. — Willst du mir
folgen? —

Ruhberg. Du! die du mit Engelgüte oft um
meine Quaalen weintest — sieh wie das Ringen, die
Angst, wie ich dich verdienen soll, mein Herz zer-
reißt. — Ein Wort laß mich mit meinem Vater
reden.

Sophie. (mit grosem Ausbruck) Du liebst mich.

Ruhberg. Ich liebe dich.

Sophie. Wir sehen uns wieder?

Ruhberg. — — Ja.

Sophie. (bringender) Wir sehen uns wieder?

Ruhberg. Wir sehen uns wieder.

Sophie. (sieht ihn sanft an, giebt Karolinen die Hand und geht mit ihr, dem Major, Wilhelm und Marien ab.)

Siebenter Auftritt.

Madam Ruhberg. Walsing.
Ruhberg.

Ruhberg. (wirft sich in einen Stuhl) Hier führe mich eine mächtigere Hand — ich sehe keine Rettung mehr!

Mad. Ruhberg. Mein Sohn! (Beide waren beim Schluß der Scene etwas oben im Zimmer, und sprachen zusammen; hier treten sie zu ihm.)

Walsing. Lieber Ruhberg!

Ruhberg. Ich erliege in dem Kampfe zwischen Liebe und Pflicht.

Mad. Ruhberg. (ängstlich) Ich will dich nicht verlassen. —

Ruhberg. Ach bleiben Sie bei ihr — bei ihr!

Mad. Ruhberg. In solchem Zustande!

Walsing. Ueberlassen Sie ihn mir!

Mad. Ruhberg. Bei dir ist meines Kummers Ende, und ist es hier nicht — auf der Welt nicht mehr! (geht ab.)

Achter Auftritt.

Ruhberg. Walsing.

Ruhberg. (springt auf) Ach lieber Walsing — so viel Glück — das größte Glück —

Walsing. Was ich Ihnen wünschen könnte!

Ruhberg. Und dennoch treibt es mich zur Verzweiflung!

Walsing. (erstaunt) Die Ursach?

Ruhberg. Liegt in mir. Alles — alle Schuld, die ganze schwere Schuld in mir; die Strafe mit auf andern!

Walsing. Sollten Sie es nicht zu —

Ruhberg. Ich täusche sie, wenn ich das Wort der Liebe breche; und halte ich es, so reiße ich sie hinab in mein Verderben. Was soll ich thun?

Walsing. Mein lieber Ruhberg — was Sie auch quält — entdecken Sie Sich mir.

Ruhberg. Ich muß! Ich will! — O hätte ich es längst gethan!

Walsing. (gütig) Bin ich nicht Ihr Freund?

Ruhberg. Gewesen. — Sobald ich spreche.

Walsing. Ich liebe Sie so innig! —

Ruhberg. (traurig) Das hört nun auf.

Walsing. Sie sind außer sich.

Ruhberg. Hört auf! Das Geständniß — wo mir noch Freude blüht — es vertilgt sie. O wenn doch endlich mein Leben —

Walsing. Sie ängstigen mich — reden Sie.

Ruhberg. Noch habe ich Ihre Liebe — Noch! — In wenig Augenblicken nur das Mitleid des Weisen. (Er ist einen kurzen Augenblick in heftigem Kampf zu reden — dann geht er an den Tisch, schreibt drei Zeilen — drückt sie Walsing haftig in die Hand — tritt einige Schritte zurück, und bedeckt in einer unwillkührlichen Bewegung das Gesicht.)

Wa'sing. (lieft, schlägt das Papier sanft ein, geht zu Ruhberg, steckt es in dessen Tasche, wendet ihn zu sich und umarmt ihn mit Wärme.) Dein Vater, mein Sohn! dein Vater! — — dein Führer, in diesem edlen Zweifel deiner guten Seele!

Ruhberg. Sie vergeben, daß ich verbarg —

Walsing. Dein Vater! so lange unsre Wesen sich verstehen und erkennen!

Ruhberg. So bleibt mir dieses Herz denn doch, wenn ich mich auch von Sophien losreißen soll!

Walsing. Das sollst Du nicht.

Ruhberg. Ich muß, wenn ich sie liebe. Die Welt weiß wer ich bin — die Welt kann nie verzeihen.

Walsing. Dein Kummer wird Menschenhaß.

Ruhberg. Allein ertrug ich alles. Doch dieses gute Mädchen sollt' ich nun durch den Spott der Glücklichen gemordet sehen —

Walsing. Mein Sohn — mein Sohn! —

Ruhberg. An meiner Seite sie verblühen sehen? — angestochen von dem Wurme, der in mir nagt? — sie die engelreine, holde Seele verblühen sehen? — O, wenn ich das könnte — —

Walsing. Ich erkenne den sanften Jüngling nicht in diesem Bilde, das er sich von der Vorsicht macht!

Ruhberg. Durch mich litten viel gute Menschen — litten bitter! Die Vorsicht ist gerecht!

Walsing. Wer gerecht ist, ist zu versöhnen.

Ruhberg. Durch Pflicht!

Walsing. Ist Menschenglück und Freude — ist Menschen tödten — Pflicht?

Ruhberg. Wenn über die Erfüllung meiner Pflicht das Herz mir bricht —

Walsing. Wenn du Sophien tödtest —

Ruhberg. Mein Vater — O Gott! —

Walsing. Hast du dann gut gemacht? — Gerechtigkeit zurückgegeben — oder ein Verbrechen, schwerer als die Vergehungen der raschen Jugend,

die des Mannes Tugend längst ausgeglichen, neu
begangen?

Ruhberg. Soll ich die Stimme übertäuben,
die mich —

Walfing. Sohn! laß dich Grabsinn leiten! Du
sollst es nicht ..t dem Schicksal aufnehmen wollen.
Dein Gewissen sey für dich die Welt!

Ruhberg. Und das spricht laut: — „Du bist
deines Vaters Mörder!“

Walfing. Du bist nicht Schuld an deines Vaters Tode.

Ruhberg. Ich bins!

Walfing. Ich sage nein. Wer so fühlt, mußte
sich erheben; das mußte der Vater fühlen. Der
Vater fühlte es gewiß! — Hoffnung nährt ein
Vaterherz. Nein, sage ich, nein! du möchtest in
dem Uebermaaß von Reue gern tausendfach abbüßen
— du häufest alle Quaal auf dich — allein du bist
nicht Schuld an deines Vaters Tode — die Schwä-
che der Natur vollendete —

Ruhberg. Was ich begann! — Noch seh' ich
ihn — wie täglich — ach — mit jeder Stunde,
Kraft, Freude, Leben von ihm wich! wie — O das
steht ewig vor mir! läßt meine Thränen nie versie-
gen — jagt mich unstät auf der Welt umher! und
an dieses öde Leben, sollt' ich den Engel binden, der
nur Freudenthränen weinen ließ!

Walfing. Wenn sie nun deine Thränen trocknen will — wenn sie der Engel ist, den dir das Wesen sendet, das niemand trostlos vergehen lassen will. Wenn nun mit diesem Tage — jetzt mit ihr — in diesem Augenblick dein Schicksal sich wendet! O Gott! und du hättest diese Hand zurückgewiesen?

Ruhberg. Schrecklich! schrecklich!

Walfing. Sie verzehrte sich in Gram — und du —

Ruhberg. Der, der mein Opfer, und was es mich kostet, sieht, der wird ihr Kraft zu tragen geben. Ach — die Wesen, die meinen Namen tragen würden — der Bettler läßt seinen Kindern guten Namen — mit meinem Namen? — empfingen sie den Fluch, der sie durch das Leben verfolgen würde! O Gott — nein, nein! —

Walfing. Jüngling! der dir jetzt Heilung beut, waltet auch dann noch, wenn diese seyn werden, und wir in andern Sphären wirken. Nein — nicht weiter in dieser Ueberspannung!

Ruhberg. O wüßten Sie, wie tief mein Herz verwundet ist, da ich gegen seine laute Stimme, für meine Pflicht, so schrecklich kämpfen muß!

Walfing. Eben darum Ueberspannung; denn in guten Menschen ist die Stimme des Herzens der Wink der Vorsicht. Folg' ihr! Mit aller heißen Liebe — im Namen deines Vaters sag' ich — folg' ihr!

Ruhberg. Mein Vater! — Ja Sie sind es —
verlassen Sie mich nicht. Trennen Sie Sie nie
von mir —

Walsing. Niemals!

Ruhberg. Lassen Sie meinen Fall und meine
Reue länger Ihrem Hause kein Geheimniß seyn. Sie
lieben mich als Brüder — sie werden brüderlich verzeihen. Zwar der Major — sein Stand — —

Walsing. Sein Herz! —

Ruhberg. Ja, Sie können meiner Seele Frieden wieder geben — Frieden, den ich lange nicht gefühlt habe.

Walsing. Laß das Bewußtseyn — daß stand-
hafte Tugend den Menschen weit über den Fehltritt
setzt, den er beging, dich dahin erheben, daß du mit
der Würde der Redlichkeit, die in dir ist, nun mit
uns lebst!

{ **Ruhberg.** Mein Vater! (Er fällt in seine Umarmung.)

{ **Walsing.** Mein Sohn!

Neunter Auftritt.

Die Vorigen. Der Major und Wilhelm.

Major. Vergebung daß wir unterbrechen;
allein —

Wilhelm. Soll ich hoffen oder fürchten, lieber Ruhberg?

Walsing. (zum Major) Mein Sohn, Sie sehen mich bekümmert, um einen Ihrer Freunde.

Major. Wie, mein Vater —

Walsing. Ein Civilist — Ihr wahrer Freund — ein braver Mann — hat einen Fehltritt gethan —

Major. Kann ich ihm helfen?

Walsing. Erheben!

Major. Eilen Sie.

Walsing. Ihn riß die Leidenschaft — der Drang von mancherlei Verhältnissen — ein heißes Gefühl riß ihn in einer Stunde hin, wo dieser wirklich gute Mensch minder über sich wachte — — — er verletzte seines Vaters Kasse.

Major. Er bereuete?

Walsing. Herzlich! — Nun gilt es ihn, ob Sie den Muth haben werden, durch Ihren Umgang ihn zu ehren, wie zuvor?

Major. Ja! Rechnen Sie darauf.

Walsing. Sie sind Offizier —

Major. Uns beeibigt die Uniform und das Beispiel unseres Herrn, zu Muth für Vaterland und Freundschaft. Kampf gegen Vorurtheil ist Kampf für Tugend. Arm, Degen — Ehre und Kredit — wo ist mein Freund? — Sie sind sein Eigenthum!

Walsing.

Walſing. (führt ihn zu Wilhelm) Hier iſt Ihr
Freund!

Major. (umarmt Wilhelm mit Wärme)

Walſing. (auf Ruhberg zeigend) Und hier ſein
Retter!

Major. (will ihn umarmen.)

Ruhberg. (hält ihn ſanft ab) Der ſich einſt zu
demſelben Fehltritt verging!

Wilhelm. O mein Erretter!

Major. (nimmt Wilhelms und dann Ruhbergs
Hand, und zieht beide an ſich) Wer ſich edel erhebt —
iſt mehr, als wäre er nie gefallen. . Umarmt mich,
meine Brüder! (Sie umarmen ſich. Indem geht
Walſing hinaus.)

Wilhelm. Mein theurer, theurer Bruder!

Zehnter Auftritt.

Chriſtian. Die Vorigen.

Chriſtian. Ach, Herr — ach lieber Herr!

Ruhberg. Mein treuer, alter Freund!

Chriſtian. Ich habe ſie geſehen —

Ruhberg. Meine Mutter — —?

Chriſtian. Und das Fräulein! Wie freute ich
mich! — und da fand ich Beide Hand in Hand,
wie jede ſich vor der andern gern verbergen wollte —
und ſie weinten über Sie —

J

Ruhberg. Und weinten über mich? (Er will hinaus.)

Eilfter Auftritt.

Vorige. Sophie. Mad. Ruhberg Walsing und Marie

(begegnen Ruhberg an der Thüre.)

Sophie. Könntest du das?

Mad. Ruhberg. Ist das wahr, mein Sohn?

Ruhberg. (außer sich) Mutter — Sophie!

Sophie. Entsagen — das könntest du?

Ruhberg. Wenn ich dich durch mein Opfer glück-lich weiß? — ob ich es überlebe, achte ich nicht.

Sophie. Ich? glücklich? ohne dich!

Ruhberg. O daß jemand, in des Schicksals Namen, diese Angst von mir nehmen könnte!

Sophie. Ich!

Mad. Ruhberg. Deine Mutter!

Walsing. Die Liebe!

Wilhelm. Ich bürge für die Zukunft.

Ruhberg. Engel der Güte, darf ich mein Auge noch zu dir erheben!

Sophie. Einst konnte ich jeden Sturm in dir besänftigen, deine Thränen trocknen; Unmuth konnte ich einst in Hofnung verwandeln!

Ruhberg. So stand dein Bild stets vor mir. Dankbarkeit und Liebe — heiße Liebe — rückten das Vergangene mir näher.

Christian. Und immer sprach mein armer Herr: ich bin der Mörder, ihrer Ruhe! und wollte keinen Trost von mir anhören.

Sophie. Der Schleier ist gefallen, der unsre Zukunft vor uns verbarg. Ich komme mit meines Pflegevaters Segen — — —

Ruhberg. In aller Wonne edler Liebe, mit aller Unbefangenheit der Unschuld, mit aller Würde des unverletzten Gewissens — und so willst du dich dem hingeben — der — —

Sophie. Der Liebe mit Liebe reich vergelten kann und wird! der mich nie inniger geliebt hat — — als da er mir entsagen will!

Ruhberg. Fühlst du das, Sophie?

Sophie. Ob ich dich kenne!

Ruhberg. Fühlst du das, daß meine Seele sich leichter von ihrem Körper trennen kann, als von dir — als von dir, Sophie!

Mad. Ruhberg. Mein Sohn! — — vor seinem letzten, sanften Scheiden, da er mir und deiner Schwester den Segen gegeben hatte, wandte dein Vater sich nach der Gegend hin, wo du damals lebtest! — Er schien mit dir zu reden — — — es war, als wollte seine blasse Wange sich noch einmal

röthen; dann faßte er unsre Hände — „sagt ihm,
„daß ich mit Ruhe an ihn denke; denn er macht
„redlich wieder gut. Ein gutes Weib“ — — hier
sah er auf zum Himmel, sein Auge schimmerte, und
wir mußten seine Hände falten — „Ein gutes Weib
„wird seinen Tagen den Frieden geben, um den ich
„für ihn bete!“

Ruhberg. (in heftiger Gemüthsbewegung) Mein
Vater!

Mad. Ruhberg. „Du wirst diesen Tag erleben“
— hier brach seine Stimme — „und in dem Augen=
„blick, wo sie sich meinem Eduard ergiebt — gieb
„ihr meinen Segen — wer sie auch sey! Der fromme
„Wunsch, der Dank des Sterbenden — wird ihr Ge=
„deihen bringen!“ — — Tochter, ich habe wohl
nicht viel Raum mehr auf der Welt. Was auch der
Himmel will — ich übergebe dir das Vermächtniß.
Empfange den Segen (sie weint) eines guten
Mannes!

Ruhberg. (mit Heftigkeit vor Sophien niederstür=
zend) Und bringe ihn über mich!

Sophie. Eduard!

Ruhberg. Vergieb! vergieb! — Ich kann nicht
— (springt auf) Nein! Noch einmal lächelt mir das
Glück — du bist der Engel, der dem frommen Mann
in seiner letzten Stunde erschien — du bist der En=
gel, der mir sanften Frieden beut! Ich wollte dich

nicht mit in mein Verderben ziehen. Es war gerecht — doch ich erliege unter meiner Pflicht! — Eine Stimme spricht laut in mir: blick auf zu dem, der niemand mehr auflegt, als er ertragen kann. Sie hebt mich — giebt mir Muth, daß ich mit heißer — heißer Liebe dich beschwöre —. Sophie! nimm die Gelübde meiner treuen Liebe an!

Sophie. Ich nehme sie, und heilig will ich —

Ruhberg. Hier lege ich meine Sorgen, Freuden, Thränen, Hoffnungen — Alles lege ich in die Hand der Liebe! Sophie! willst du mit mir durch das Leben gehen?

Sophie. Hat nicht mein Herz, und meine Flucht aus meines Vaters Hause, und jetzt sein Segen mich zu deiner Gattin eingeweiht?

Ruhberg. Vater! — meine Mutter — legen Sie unsre Hände in einander!

(Walsing führt Ruhberg, Mad. Ruhberg Sophien, einander entgegen, und legen ihre Hände in einander. Walsing geht hierauf zu dem Major, und legt seine Hand in Karolinens Hand.)

Walsing. Segen über diese Stunde!

Christian. (küßt Ruhbergs Hand.) Gottlob! ich sagte es Ihnen immer: für Leiden ist auch Lohn!

Ruhberg. Mein Vater — Christian — meine Brüder!

Major. Ein Glück — wir alle glücklich!

Karoline. Sophie. Alle!

Ruhberg. Mutter!, jetzt kann ich vergelten! Sophie soll vergelten!

Sophie. Ich will ganz für Sie leben!

Ruhberg. An Ihrer Tochter Hand, seh' ich Sie wieder zu verlornen Freuden eingehn.

Mad. Ruhberg. Sohn — Tochter!

Wilhelm. Gott segne meinen Retter!

Ruhberg. Mein Vater — Sie haben den Gefallenen gehoben.

Walsing. Tugend hat es gethan.

Ruhberg. Sie haben meine Leiden väterlich gelindert, Sie haben mir Muth für das Gute gegeben. Ich danke — ach kindlich danke ich Ihnen; ich umfasse Ihre Knie —

Walsing. Mein Sohn! mein Sohn!

Ruhberg. Nehmen Sie Ihre Hand nicht von mir — meine Thränen fallen heiß auf diese Hand des guten Mannes — lassen Sie diese sagen, was ich nicht sagen kann!

Walsing. (hebt ihn auf in seine Arme) Mein Sohn — was willst du aus mir machen? Du lohnst —

Mad. Ruhberg. Was ich nie — niemals verdanken kann.

Ruhberg. Ach, täglich sinken Tausende — verloren ohne Rettung — weil in dem Augenblick der letzten gräßlichen Versuchung jede Hand, nach der sie

hülferingend faſſen — ſich zurückzieht! — Und von
ſo Vielen, fand ich — ich allein fand Menſchen,
— Freunde — fand einen Vater!

Walſing. Und ſollſt ihn ewig an mir finden!

Ruhberg. Der mich nicht zum Leben allein —
der mich wieder zu der Würde des Selbſtgefühls leitete! — Wilhelm — meine Brüder — meine Schwe-
ſtern — in dieſem feierlichen Augenblicke gebt mir das
Gelübde, daß ihr dem Armen — der ſich verging —
vor deſſen Reue die Welt mit Spott und Kälte zu-
rücktritt — daß ihr ihm helfen wollt, den Weg der
Ruhe, der Tugend, der ſtillen Freude wieder zu betreten! wie mich mein Vater leitete!

{ **Wilhelm.** Das ſchwöre ich dir!

Major. Ich will! ich will!

Karoline. Mit warmen Herzen!

Marie. (weint.)

Ruhberg. Gottlob — mit dieſem Segen —
empfange ich deine Hand!

Sophie. (ihn umarmend) Mein Eduard!

Walſing. Er ruhe auf meinem Hauſe, das wir
nun theilen — auf mir und meinen Kindern!

{ **Major.** Vortreflicher Mann!

Karoline. Beſter ⎫

Wilhelm. Guter ⎬ **Vater!**

Marie. Lieber ⎭

(Alle ſammeln ſich um Walſing.)

Mad. Ruhberg. Nun wird dich auch deine Schwester besuchen, Eduard!

Ruhberg. Louise? — O Gott! Louise!

Mad. Ruhberg. O du — der du dem Menschen so viele Wonne giebst — Dank dir für diesen Tag! Wenn ich nun auch einst von euch scheiden soll — so kann ich mit dem Bilde dieser Reihe guter Menschen sanft entschlummern und weiß: — — so sehen wir uns wieder!

(Sie umarmen sich sanft in verschiedenen Gruppen, und der Vorhang fällt.)

Ende des fünften und letzten Aufzugs.